GTB
Gütersloher Taschenbücher
685

Udo Hahn

Geboren 1962, Theologe, Publizist und Autor, lebt in Rethmar bei Hannover.

Für Gabriele und Harald Bretschneider

Udo Hahn

Heiliger Geist

Grundbegriffe Christentum

Gütersloher Verlagshaus

Originalausgabe

Die Deutsche Bibliothek – CIP-Einheitsaufnahme

Hahn, Udo: Heiliger Geist / Udo Hahn. –
Orig.-Ausg. – Gütersloh: Gütersloher Verl.-Haus, 2001
(Gütersloher Taschenbücher; 685: Grundbegriffe Christentum)
ISBN 3-579-00685-1

ISBN 3-579-00685-1

Umschlaggestaltung: INIT, Bielefeld
Satz: Weserdruckerei Rolf Oesselmann GmbH, Stolzenau
Druck und Bindung: Těšínská Tiskárna AG, Český Těšín
Gedruckt auf chlorfrei gebleichtem Werkdruckpapier
Printed in Czech Republic

Besuchen Sie uns im Internet: http://www.gtvh.de

Inhalt

Mit Weihnachten können die Menschen – Christen wie Atheisten – noch etwas verbinden. Doch mit Ostern und der Auferweckung Jesu von den Toten, vor allem aber mit Pfingsten und der so genannten Ausgießung des Heiligen Geistes tun sich Gläubige schwer. Was dankbar angenommen wird, ist, dass beide Feste Doppelfeiertage sind, also Ostermontag und Pfingstmontag frei sind – Freizeit, die immer seltener bewusst religiös gepflegt wird.

Kaum ein Thema des christlichen Glaubens ist so rätselhaft (geworden), wie das Bekenntnis der Christen zum dreieinigen Gott. Die beiden im Gottesdienst gesprochenen Glaubensbekenntnisse – das »Nizänum« und das »Apostolicum« – sind trinitarisch ausgerichtet: Sie entfalten den Glauben an den einen Gott, der die Welt durch Schöpfung ins Leben gerufen hat, sich in Jesus Christus geschichtlich offenbart hat und sich vergegenwärtigt durch den Heiligen Geist. Sich zu Gott Vater, zu seinem Sohn und zum Heiligen Geist zu bekennen – was heißt das genau? Zu Gott kann man beten, aber zu Jesus oder zum Heiligen Geist? Wie kann Jesus Gott und zugleich Sohn Gottes sein? Und immer wieder der Heilige Geist! Drei gleich eins, eins gleich drei – eine Rechnung, die paradoxer nicht sein könnte. In der Bibel findet sich keine Trinitätslehre, sondern es gibt nur triadische, dreigliedrige Formeln, die von Vater, Sohn und Geist sprechen, neben-, hinter-, aber auch ineinander. Die Lehre von der Trinität ist erst später entwickelt worden, weil plötzlich die Meinung aufkam, Jesus sei von Gott adoptiert worden und demzufolge nur ein Mensch.

Das Bekenntnis zur Trinität findet sich nicht nur im »Nizänum« und im »Apostolicum«, der Gottesdienst wird »im Namen des Vaters und des Sohnes und des Heiligen Geistes« eröffnet. Menschen werden unter Nennung dieser dreigliedrigen Formel getauft. Das Kirchenjahr steht ganz im Zeichen der Dreifaltigkeit, denn mehr als zwanzig Sonntage tragen die Bezeichnung »nach Trinitatis«. Schließlich ist in der Ökumene das trinitarische Bekenntnis das einigende Band der Kirchen. Im Ökumenischen Rat der Kirchen (ÖRK) beispielsweise, der weltweit 330 orthodoxe, anglikanische und protestantische Kirchen umfasst, gilt das Bekenntnis zum dreieinigen Gott als zentrales Aufnahmekriterium. Wer es nicht bejaht, kann diesem Zusammenschluss nicht angehören.

Innerhalb der Kirchen, mehr aber noch außerhalb, entwickelten beziehungsweise entwickeln sich Frömmigkeitsformen, die häufig mit dem Etikett »pfingstlich-charismatisch« versehen werden. Derartigen Gruppierungen gehören weltweit inzwischen laut Schätzungen möglicherweise eine halbe Milliarde Menschen an, vor allem in der Dritten Welt. Dabei handelt es sich um eine Erweckungsbewegung, die sich unter anderem gegen einen ritualisierten Gottesdienst wendet sowie gegen eine juridische Fixierung der Zugehörigkeit zu einer spezifischen Gemeinde am Ort. Zum Profil pfingstkirchlicher Bewegungen gehören unter anderem Bekehrung, Geistestaufe (Taufe mit dem Heiligen Geist) und Glossolalie (Zungenrede). Vor dem Hintergrund eines wortwörtlichen Bibelverständnisses und der Ablehnung eines historisch-kritischen Umgangs mit dem »Buch der Bücher« sowie einer weithin distanzierten Haltung zur ökumenischen Bewegung, gestaltet sich der Dialog mit den historischen Kirchen ausgesprochen schwierig.

Was das Thema »Geist« betrifft, so finden sich in der Umgangssprache zahlreiche Bezüge. Der »gute Geist« eines Hauses sein, heißt, dafür einzutreten, dass die Menschen friedlich zusammenleben. Zu wissen, »wes Geistes Kind« einer ist, nimmt ausdrücklich auf ein Wort Jesu Bezug (Lukas 9,55). »Von allen guten Geistern verlassen« zu sein: Jemand handelt ohne Sinn und Verstand, ist in seinem Handeln nicht wiederzuerkennen. »Im Geist der Zeit sein« beziehungsweise dem »Zeitgeist« nachlaufen, »ein/kein großer Geist zu sein« – dies kann positiv wie negativ verstanden werden. »Seinen Geist aufgeben« umschreibt der Volksmund mit einem Bibelwort (Klagelieder 2,12) das Sterben. »Auf den Heiligen Geist warten (müssen)« bringt zum Ausdruck, wie sehr ein guter Einfall erhofft wird, um ein Problem zu lösen – eine Parodie auf das biblische Pfingstwunder (Apostelgeschichte 2,1-4). Wenn von »dienstbaren Geistern« die Rede ist, geschieht dies ebenfalls unter Anspielung auf die Bibel: »Sind sie (die Engel) nicht allesamt dienstbare Geister, ausgesandt zum Dienst um derer willen, die das Heil ererben sollen?« (Hebräer 1,14). Gemeint sind Untergebene, Hausangestellte, »Heinzelmännchen« – so die Fantasievorstellung, dass etwas von anderen erledigt wird. Dass etwas »wie von Geisterhand« geschah oder geschieht, bringt zum Ausdruck, dass erkennbares menschliches Zutun nicht im Spiel ist. »Die Geister, die man rief, nicht wieder loswerden (können)« ist eine Wendung aus Johann Wolfgang Goethes »Zauberlehrling«. Heute wird dieses Zitat gebraucht, um zu sagen, eine bewusst herbeigeführte oder gedankenlos verschuldete Entwicklung nicht mehr aufhalten, Entwicklungen in Wirtschaft und Umwelt nicht mehr steuern zu können. Neben dem »Geist der olympischen Bewegung«, der immer wieder beschworen wird, können Menschen von einem Sportereignis oder einem Konzert regelgerecht »be-Geist-ert« sein.

Mit dem Hinweis auf den (Heiligen) Geist wird oft versucht auszudrücken, was der Physiker Hans-Peter Dürr einmal in einem Interview so formulierte: »Wenn ich morgens aufwache und dann allmählich meine Gedanken sammle, dann kann ich mich erinnern, dass ich bevor ich anfing zu denken, eine Ahnung hatte. Aber während ich in der Ahnung bin, kann ich nicht über die Ahnung reden. Die Ahnung ist die Erinnerung an einen Zustand, in dem kein Zeuge war. Wenn ich eine göttliche Erfahrung fühle, kann ich überhaupt nichts sagen, aber ich weiß, es ist etwas geschehen.« Die Erinnerung an ein unbewusstes Geschehen charakterisiert Dürr als »eine Inspiration – nicht beweisbar das Göttliche – eine Quelle, deren Ursprung ich nicht kenne. Aber ganz bestimmt ist etwas da, das aus dem Hintergrund wirkt.«

In einem Beitrag für das Magazin »aufgeschlossen« bekannte der Kinderbuchautor Otfried Preußler ganz offen: »Ich glaube an den Heiligen Geist.« Und er fragte: »Was täten wir, meinesgleichen und ich, wenn er uns nicht von Zeit zu Zeit etwas eingäbe? Einen Gedanken vielleicht, einen Satz, einen Namen. Oder sogar den Beginn einer ganzen Geschichte. Er weht, wann er will. Herbeizwingen lässt er sich nicht. Was er uns eingibt, sind Samenkörner. Wir müssen darum bemüht sein, sie keimen und sprießen zu lassen.« Laut Preußler ähnelt der Geschichtenerzähler »ein bisschen dem lieben Gott«: »Fast wie Er kann er Leben schaffen, nicht aus dem Nichts zwar, jedoch aus der Fantasie. Er schafft Welten, Bilder, Gestalten, Schicksale – stets vorausgesetzt, dass der Heilige Geist ihn dazu inspiriert hat, dass er ihm bei der Arbeit zur Hand geht. Und nimmt das Geschehen mitunter einen Verlauf, der so nicht geplant war, so nicht vorhersehbar? Sei's drum! Gerade deshalb glaube ich an den Heiligen Geist. Gerade deshalb bin ich ihm dankbar für getreuen Beistand.«

Die Bilderbibel von Julius Schnorr von Carolsfeld aus dem Jahre 1862 war es, die Vicco von Bülow alias Loriot verstehen ließ, wie die Ausgießung des Heiligen Geistes gemeint war. So erklärte er in dem Magazin »aufgeschlossen«: »Wohl ziemlich sprachlos saßen die Jünger nach dem Tode Jesu ihres Herrn zusammen, als plötzlich etwas wie ein heiliger Geistesblitz auf sie herniederfuhr. Der Zeichner gab jedem ein kleines Flämmchen auf den Kopf als Zeichen der Erleuchtung und Begeisterung. Denn von nun an konnte jeder mit feuriger Zunge reden und seinen Glauben in der Welt verbreiten.« Dies habe ihm immer eingeleuchtet, schreibt Loriot und fügt hinzu: »Wenn ich diesen Vorgang mit einiger Unbescheidenheit und stark verkleinert mit meiner Tätigkeit vergleichen darf, so scheint es zunächst, als habe Inspiration etwas mit ›Einfall‹ oder ›Idee‹ zu tun. Aber Idee und Einfall sind bei Lichte besehen doch nur mehr oder weniger verdiente Resultate beharrlicher Gedankenarbeit. Die Inspiration dagegen ist ohne eigenes Verdienst ein göttliches Flämmchen auf dem Kopf.«

Die Rede von der Inspiration, der Eingebung, ist durchaus auch in Glaubensfragen angebracht. Die Aufforderung, sich anzustrengen, hilft beim Verstehen des christlichen Glaubens nicht weiter. Wir ahnen, dass es beim Sehen-, Hören-, Beten-, Glauben-, Vertrauen- und Lieben-Können nicht um etwas geht, das in einem selbst machbar wäre, sondern dass es ein Geschenk oder Wunder ist, wenn einem »ein Licht aufgeht«. Goethe schrieb einmal: »Der herrliche Kirchengesang Veni creator spiritus! (Anm.: Komm, Schöpfer Geist!) ist ganz eigentlich ein Appell ans Genie.« Damit verwechselt der Dichter aus der Sicht des Glaubenden Menschliches mit Göttlichem. Um es an einem Beispiel zu verdeutlichen: Dass Jesus mehr war als nur ein Mensch, der in ethischer Hinsicht vorbildlich lebte, mehr als ein Prophet, war nicht auf Anhieb erkennbar. »Fleisch und Blut haben dir das nicht offenbart, sondern mein Vater im Himmel«, antwortet Jesus auf das Bekenntnis des Petrus: »Du bist Christus, des lebendigen Gottes Sohn« (Matthäus 16,16f.). Das ist das Wirken des Heiligen Geistes: »Er wird Zeugnis geben von mir« (Johannes 15,26), sagt Jesus.

Es leuchtet schon ein, dass wir Glauben und Sehen voneinander unterscheiden, »denn wir wandeln im Glauben und nicht im Schauen« (2. Korinther 5,7). Nicht von ungefähr werden in alten Darstellungen Christen mit übergroßen Augen dargestellt. So bekommt beispielsweise der Evangelist Johannes als Symbol den Adler, der in die Sonne zu blicken vermag. Und im Epheserbrief bittet der Apostel Paulus: »Er (Gott) gebe euch erleuchtete Augen des Herzens, damit ihr erkennt, zu welcher Hoffnung ihr von ihm berufen seid« (1,18). Das Sehen beziehungsweise Erkennen, von dem im Zusammenhang des Glaubens die Rede ist, meint nicht das Vordergründige, sondern den Blick gleichsam hinter die Kulissen. Es geht um ein Schauen, das tiefer sehen lässt – durch die Brille des Heiligen Geistes. Schließlich heißt es im Glaubensbekenntnis nicht »ich sehe«, sondern »ich glaube an den Heiligen Geist«. Und nur in diesem Glauben ist er auch zu sehen, zu erkennen.

Den dritten Artikel (Abschnitt) des »Apostolicums« (»Ich glaube an den Heiligen Geist ...«) erläutert Martin Luther in seinem »Kleinen Katechismus« mit folgenden Worten: »Ich glaube, dass ich nicht aus eigener Vernunft noch Kraft an Jesus Christus, meinen Herrn, glauben oder zu ihm kommen kann; sondern der Heilige Geist hat mich durch das Evangelium berufen, mit seinen Gaben erleuchtet, im rechten Glauben geheiligt und erhalten; gleichwie er die ganze Christenheit auf Erden beruft, sammelt, erleuchtet, heiligt und bei Jesus Christus erhält, im rechten, einigen Glauben; in welcher Christenheit er mir und allen Gläubigen täglich alle Sünden reichlich vergibt und am Jüngsten Tage mich und alle Toten auferwecken wird und mir samt allen Gläubigen in Christus ein ewiges Leben geben wird. Das ist gewisslich wahr.«

Luther beschreibt das Wirken des Heiligen Geistes im Leben des Menschen und in der Kirche. Es fällt auf, dass der Glaubende regelrecht zur Passivität verurteilt ist, dass sich ein Geschehen an ihm vollzieht. Gott ist in Jesus Mensch geworden und überbrückt die schier unüberwindbare Distanz zwischen uns und ihm. Er ist es auch, der den Glauben weckt, der bewirkt, dass wir von Gott reden können. Geschenkte Einsicht des Glaubenden ist, was Luther zum ersten Artikel des »Apostolicums« schreibt: »Ich glaube, dass mich Gott geschaffen hat samt allen Kreaturen, mir Leib und Seele, Augen, Ohren und alle Glieder, Vernunft und alle Sinne gegeben hat und noch erhält …« Die auf den Einzelnen bezogene Perspektive ist unverkennbar. Keine allgemeine Aussage, sondern individuelle Einsicht. Der Glaubende ist jedoch kein Einzelgänger, sondern auf die Gemeinde und die Gemeinschaft bezogen. Denn Gott will, »dass allen Menschen geholfen werde und sie zur Erkenntnis der Wahrheit kommen« (1. Timotheus 2,4). Und diese Wahrheit lautet: »Denn es ist ein Gott und ein Mittler zwischen Gott und den Menschen, nämlich der Mensch Jesus Christus, der sich selbst gegeben hat zur Erlösung« (1. Timotheus 2, 5f.). Wie gesagt: Aus eigener Kraft noch Vernunft ist diese Einsicht nicht zu gewinnen. Dazu braucht es den Heiligen Geist.

Die Liste der Fragen, die sich im Zusammenhang des Themas ergeben, ist lang: Unter anderem geht es darum, was im Alten und im Neuen Testament über den Heiligen Geist gesagt wird. Was bedeutet die Dreieinigkeit Gottes? Was wird Pfingsten gefeiert? Warum wird die Taufe mit der Gabe des Heiligen Geistes in Verbindung gebracht? Was versteht man unter pfingstlich-charismatischer Frömmigkeit? Und was bedeutet der Heilige Geist für das individuelle Glaubensleben?

Fakten

Der Heilige Geist im Alten Testament

Die Wendung »Heiliger Geist« kommt im Alten Testament explizit nur an zwei Stellen vor: Psalm 51,13 (»... und nimm deinen heiligen Geist nicht von mir.«) und Jesaja 63,10f. (»Aber sie waren widerspenstig und betrübten seinen heiligen Geist ... Wo ist, der seinen heiligen Geist in ihn gab?«). Das hebräische Wort ruah (sprich: ruach) – grammatikalisch meist weiblich – ist das Äquivalent für »Geist«. Es kommt im Alten Testament 378-mal vor. In der »Septuaginta« (lat.: siebzig), der griechischen Übersetzung des Alten Testamentes (die um 250 n. Chr. auf Veranlassung des ägyptischen Königs Ptolemäus II. von 72 Juden in 72 Tagen angefertigt worden sein soll) wird es 264-mal mit »pneuma« wiedergegeben. Ruah heißt sowohl »Wind« (angefangen vom leichten Luftzug 1. Mose 3,8 bis zum Sturm 2. Mose 10,19; Jesaja 7,2; Jona 1,4) als auch »Atem«, »Geist«, »Sinn«, auch »Geistwesen« (1. Könige 22,21). Die Bedeutung ist umfassend, meint Körperliches und Seelisches, Materielles und Spirituelles, beschreibt einen Akt der Bewegung – »Hauchen«, »Wehen« –, der zugleich die Fähigkeit hat, in Bewegung zu bringen beziehungsweise zu halten. Eine Kraft, die einmalig als auch auf Dauer wirken kann.

Der Geist – Sitz der Stimmungen und Gefühle

Der »Atem« (Hiob 15,13; Jeremia 2,24) ist die Lebenskraft des Menschen beziehungsweise allgemein der Lebewesen (1. Mose 6,17; 7,15). Ist der Hunger gestillt oder der Durst gelöscht, kehrt der Geist zurück (1. Samuel 30,12) – der Mensch »kommt zu sich«, »lebt wieder auf«. Ist der Ärger groß, weicht der Lebensmut (1. Könige 21,5); der Mensch wird missmutig. Der Geist ist damit auch Sitz der Stimmungen, Gefühle und Leidenschaften.

Die Königin von Saba geriet »vor Staunen außer sich« (1. Könige 10,5), als sie in der Begegnung mit Salomo registrierte, wie klug dieser war. Gut ist es, sich zu beherrschen, lautet ein weiser Rat in Sprüche 16,32. Gemütsschwankungen wie Kurzatmigkeit und Ungeduld (2. Mose 6,9; Hiob 21,4) sind im Alten Testament ebenso beschrieben wie Langmut und Geduld (Prediger 7,8). Der Geist eines Menschen kann hochmütig sein (Sprüche 16,18), niedergeschlagen (Sprüche 18,14) oder voller Kummer (1. Mose 26,35). Der Mensch kann »getreuen Herzens« sein (Sprüche 11,13) im Sinne von »zuverlässig«. Er kann aber auch vom Geist der Eifersucht (4. Mose 5,14.30) geplagt werden oder sich von Gott abwenden (»Geist der Hurerei«, Hosea 4,12) und Gott weglaufen. Gefühle und Vernunft – wenn vom Geist gesprochen wird, dann wird zwischen Emotionalem und Intellekt nicht präzise unterschieden. Des »Geistes Gedanken« (Hesekiel 11,5) beschreibt das, was einem in den Sinn kommt. Gott »prüft die Geister« (Sprüche 16,2), er »prüft die Herzen« (Sprüche 21,2), d.h.: Gott schaut in das Innere, das dem Augenschein Verborgene (Psalm 143,4.7). »Und die, welche irren in ihrem Geist, werden Verstand annehmen, und die, welche murren, werden sich belehren lassen« (Jesaja 29,24), lautet die Zusage Gottes. Und wenn vom »Geist Gottes« (2. Mose 28,3) die Rede ist, dann kann dies sowohl handwerkliches Geschick und künstlerische Fertigkeit (2. Mose 31,3; 35,31) als auch die Bevollmächtigung durch Auflegen der Hände (5. Mose 34,9) meinen. Die Folge: Der Weise, der mit dem Geist Gottes Ausgestattete, wird u.a. der ihm gestellten Herausforderung gerecht (1. Mose 41,33.38f.), kann Träume deuten (Daniel 4,5f.). Und wenn Gott den »Mut« erweckt (Jeremia 51,11), dann folgt die engagierte Tat, so dass der »Geist« beides ist: Ansporn zum Handeln und die Fähigkeit, den Gedanken in die Tat umzusetzen.

Der Geist – wozu Menschen befähigt werden können

»Der Geist des Herrn kam auf ihn, und er wurde Richter in Israel« (Richter 3,10). Der Geist Gottes überfällt buchstäblich einen Menschen, macht ihn zum charismatischen Führer, der das Volk Israel rettet (Richter 6,34; 11,29; 1. Samuel 11,6). Der Geist kommt über die Auserwählten und lässt ihnen schier Unmögliches gelingen. So »zerreißt« Simson einen jungen Löwen (Richter 14,5f.) mit bloßen Händen. Eine andere Wirkung des Geistes: Von Elia wird angenommen, der Geist des Herrn habe ihn genommen und auf irgendeinen Berg oder in irgendein Tal geworfen (2. Könige 2,16). Der Geist lässt ganze Gruppen in Verzückung geraten (1. Samuel 10,6ff.; 19,20ff.), befähigt aber auch zur klaren Aussage (4. Mose 24,2ff.; 2. Samuel 23,2; 1. Könige 22,24). Ebenso zu Weisheit und Einsicht wie bei Joseph (1. Mose 41,38f.).

Der von Gott gesandte Geist kann jedoch nicht nur Heil, sondern auch Unheil bringen. In Richter 9,23 ist davon die Rede, dass Gott einen »bösen Geist« schickt (1. Samuel 16,14ff. 23; 18,10; 19,9; 1. Könige 22,21ff.; 2. Könige 19,7; Jesaja 29,10). Dahinter verbirgt sich der Versuch, auch die dunklen Seiten des Lebens aus dem Glauben heraus zu deuten.

Wirkt der Geist einmalig – nur die jeweilige Tat? Oder bleibt der Geist auf Dauer wirksam – wie bei David? »Der Geist des Herrn geriet über David von dem Tag an und weiterhin« (1. Samuel 16,13). Wird bei den Propheten die dynamische Kraft des Geistes betont, wird der Geist Gottes mit dem Aufkommen des Königtums in Israel als eine bleibende Gabe aufgefasst. In diesem Sinne spricht Jesaja von dem erwarteten Messias: »Auf ihm wird ruhen der Geist des Herrn, der Geist der Weisheit und des Verstandes, der Geist des Rates und der Stärke, der Geist der Erkenntnis und der Furcht des Herrn« (11,2).

Eines ist deutlich: Der Geist des Herrn ist eine unverfügbare Kraft. Er ist Werkzeug Gottes und macht Menschen zu Werkzeugen Gottes, nimmt sie in seinen Dienst. Das Verhältnis von Geist Gottes und Geist des Menschen wird im Alten Testament unterschiedlich gedeutet. Neben dem guten Geist Gottes sah man in der Frühzeit Israels noch andere Geister am Werk, die den Menschen verführen (Hosea 4,12) beziehungsweise ihm Angst machen (1. Samuel 16,14). Auch wird von der Verstockung des menschlichen Geistes durch Gott gesprochen. Eine Nähe oder gar Verwandtschaft zwischen menschlichem und Gottes Geist war für das Volk Israel nicht vorstellbar.

Der Geist – schöpferische Kraft in der Natur und im Menschen

Ein theologisches Verständnis von Schöpfung, dass hinter Naturereignissen der Geist Gottes als treibende Kraft gesehen wurde, dies gab es in der Frühzeit Israels praktisch nicht. Die Einsicht, wie sie 1. Mose 1,1f. formuliert, ist ein Bekenntnis, Ergebnis eines Entwicklungsprozesses: »Am Anfang schuf Gott Himmel und Erde. Und die Erde war wüst und leer, und es war finster aus der Tiefe; und der Geist Gottes schwebte auf dem Wasser.« In Psalm 33 wird die Erkenntnis, dass Gott der Schöpfer ist, auf das ganze Universum ausgedehnt: »Der Himmel ist durch des Herrn Wort gemacht und all sein Heer durch den Hauch seines Mundes« (33,6). Ein weiterer Erkenntnisfortschritt zeigt sich in Psalm 104. Nicht nur besonders hervorgehobene Menschen wie Richter und Propheten sind Träger des Geistes Gottes, sondern alle Menschen, mehr noch: alle Lebewesen. Und wie der Beginn, so hat auch das Ende menschlichen Lebens mit dem Geist Gottes zu tun: »Da sprach der Herr: Mein Geist soll nicht immerdar im Menschen walten, denn auch der Mensch ist Fleisch« (1. Mose 6,3).

Das Alte Testament spricht nicht nur von Schöpfung, sondern auch von Vollendung beziehungsweise Neuschöpfung. »Und nach diesem will ich meinen Geist ausgießen über alles

Fleisch«, lautet in Joel 3,1 die Vorhersage für den großen Gerichtstag, so, als habe es den Geist Gottes noch nie gegeben. »Wer des Herrn Namen anrufen wird, der soll errettet werden« (3,5) – dies deutet an, dass es um alles oder nichts geht. Was wird aus dem Menschen? Eine Erneuerung – noch zu seinen Lebzeiten – wird für möglich gehalten: »Schaffe in mir Gott ein reines Herz, und gib mir einen neuen, beständigen Geist. Verwirf mich nicht von deinem Angesicht, und nimm deinen heiligen Geist nicht von mir. Erfreue mich wieder mit deiner Hilfe, und mit einem willigen Geist rüste mich aus« (Psalm 51,12ff.). Eine singuläre Hoffnung. »Wollte Gott, dass alle im Volk des Herrn Propheten wären und der Herr seinen Geist über sie kommen ließe« (4. Mose 11,29), bleibt ein Wunsch, eine Hoffnung, die sich erst am Ende aller Zeit erfüllen wird: »Über das Haus Davids und über die Bürger Jerusalems will ich ausgießen den Geist der Gnade und des Gebets. Und sie werden mich ansehen, den sie durchbohrt haben, und sie werden um ihn klagen, wie man klagt um ein einziges Kind« (Sacharja 12,10). Die Erneuerung Israels bleibt das Ziel der Verheißung: »Ich will euch ein neues Herz und einen neuen Geist in euch geben und will das steinerne Herz aus eurem Fleisch wegnehmen und euch ein fleischernes Herz geben. Ich will meinen Geist in euch geben und will solche Leute aus euch machen, die in meinen Geboten wandeln und meine Rechte halten und danach tun« (Hesekiel 36,26f.).

Alles menschliche Leben ist und bleibt auf die Schöpferkraft Gottes angewiesen. Er ist der »Gott des Lebensgeistes für alles Fleisch« (4. Mose 16,22). Gott ist es, »der die Himmel schafft und ausbreitet, der die Erde macht und ihr Gewächs, der dem Volk auf ihr den Odem gibt und den Geist denen, die auf ihr gehen« (Jesaja 42,5). Er machte den Menschen »aus Erde vom Acker und blies ihm den Odem des Lebens in seine Nase. Und so ward der Mensch ein lebendiges Wesen« (1. Mose 2,7). Und am Ende soll er wieder »zu Erde« werden (1. Mose 3,19). Gott ist souverän in seinem Handeln: Er macht den Odem im Menschen (Sacharja 12,1) – und er kann ihn wieder wegnehmen, dann »vergehen sie (die Menschen) und werden wieder Staub« (Psalm 104,29). Der Heilige Geist ist die Macht, mit der Gott alles am Leben erhält. Der Geist ist belebend wie der Hauch des Atems (Hiob 33,4), entwickelt Kraft wie ein Sturm (2. Mose 15,8) oder ein verzehrendes Feuer (Psalm 18,9).

Der Heilige Geist im Neuen Testament

Während der Heilige Geist im Alten Testament den Charakter eines Werkzeugs beziehungsweise Instrumentes Gottes hat, so wird im Neuen Testament deutlich, dass es sich um eine Person handelt (Johannes 14,15ff.). Er ist nicht nur eine Kraft, sondern er ist ein »Er«. Er spricht und sendet (Apostelgeschichte 13,2), lehrt (Johannes 14,26), betet (Römer 8,26) und kann auch betrübt werden (Epheser 4,30).

Der Geist und Jesus

Das Neue Testament zeigt, dass Gottes Geist in besonderer, einzigartiger Weise auf Jesus ruht: »Jesus kam in der Kraft des Geistes wieder nach Galiläa, und die Kunde von ihm erscholl durch alle umliegenden Orte. Und er lehrte in ihren Synagogen und wurde von jedermann gepriesen. Und er kam nach Nazareth, wo er aufgewachsen war, und ging nach seiner Gewohnheit am Sabbat in die Synagoge und stand auf und wollte lesen. Da wurde ihm das Buch des Propheten Jesaja gereicht. Und als er das Buch auftat, fand er die Stelle, wo geschrieben steht (Jesaja 61,1.2): ›Der Geist des Herrn ist auf mir, weil er mich gesandt hat zu predigen den Gefangenen, dass sie frei werden sollen, und den Blinden, dass sie sehen sollen, und den zerschlagenen, dass sie frei und ledig sein sollen, zu verkündigen das Gnadenjahr des Herrn.‹ Und als er das Buch zutat, gab er's dem Diener und setzte sich. Und aller Augen in der Synagoge sahen auf ihn. Und er fing an, zu ihnen zu reden: Heute ist dieses Wort der Schrift erfüllt vor euren Ohren« (Lukas 4,14-21). Der Geist setzt in der Person Jesu einen neuen Anfang und macht eine enge Gemeinschaft zwischen Jesus und Gott möglich.

Jesus sieht die Verheißung des Propheten Jesaja in seiner Person erfüllt. Bei Jesaja findet sich die Erwartung eines Erwählten, auf dem der Geist Gottes ruhen wird: »Und es wird ein Reis hervorgehen aus dem Stamm Isais und ein Zweig aus seiner Wurzel Frucht bringen. Auf ihm wird ruhen der Geist des Herrn« (11,1f.).

Weitere Beispiele für die innige Beziehung zwischen Jesus und Gott: Im Markusevangelium wird berichtet, dass der Geist Gottes in der Taufe »wie eine Taube« (1,10) auf Jesus herabgekommen sei. Matthäus und Markus gehen einen Schritt weiter. Sie bekennen, dass der Heilige Geist schon bei der Empfängnis und der Geburt Jesu unmittelbar am Werk gewesen sei (Matthäus 1,20; Lukas 1,35). Diese Aussagen finden sich im Apostolischen Glaubensbekenntnis wieder: »Empfangen durch den Heiligen Geist, geboren von der Jungfrau Maria.« Im Hebräerbrief kommt zum Ausdruck, dass durch den Geist Gottes Jesus sein Leben am Kreuz ließ – für uns (9,14).

Der Geist und die Auferstehung

Die Auferstehung Jesu wird in Römer 1,4 auf den Geist zurückgeführt (vgl. 1. Petrus 3,18; 1. Timotheus 3,16). Anteil an diesem Geschehen, an dem neuen Leben gewinnen Christen durch den Glauben an die Auferweckung Jesu. Was Gott in Jesus begonnen hat, gilt als Verheißung allen: »Wenn nun der Geist dessen, der Jesus von den Toten auferweckt hat, in euch wohnt, so wird er, der Christus von den Toten auferweckt hat, auch eure sterblichen Leiber lebendig machen durch seinen Geist, der in euch wohnt« (Römer 8,11). Dies entspricht der alttestamentlichen Zusage aus Joel 3,1, wonach Gott seinen Geist ausgießen will »über alles Fleisch«.

Der Geist – Helfer und Beistand

Im Neuen Testament findet sich fünf Mal der Begriff »Parakletos«. Allgemein wird darunter ein Mittler, Helfer, Fürsprecher verstanden.

- Johannes 14,16f.: »Ich (Jesus) will den Vater bitten, und er wird euch einen anderen Tröster geben, dass er bei euch sei in Ewigkeit: den Geist der Wahrheit, den die Welt nicht empfangen kann, denn sie sieht ihn nicht und kennt ihn nicht. Ihr kennt ihn, denn er bleibt bei euch und wird in euch sein.«
- Johannes 14,26: »Der Tröster, der heilige Geist, den mein Vater senden wird in meinem Namen, der wird euch alles lehren und euch an alles erinnern, was ich euch gesagt habe.«
- Johannes 15,26: »Wenn aber der Tröster kommen wird, den ich (Jesus) euch senden werde vom Vater, der Geist der Wahrheit, der vom Vater ausgeht, der wird Zeugnis geben von mir.«
- Johannes 16,7: »Ich sage euch die Wahrheit: Es ist gut für euch, dass ich weggehe. Denn wenn ich nicht weggehe, kommt der Tröster nicht zu euch. Wenn ich aber gehe, will ich ihn zu euch senden.«
- 1. Johannes 2,1: »Wenn jemand sündigt, so hat er einen Fürsprecher bei dem Vater, Jesus Christus, der gerecht ist.«

Obwohl der Paraklet ursprünglich im passivischen Sinne ein Herbeigerufener ist, setzen die genannten Stellen einen anderen Akzent: Der Paraklet wird nicht gerufen, sondern gesandt, gegeben, empfangen. Er legt nicht nur ein gutes Wort für die Menschen ein, sondern bringt Hilfe, so dass er im wahrsten Sinne des Wortes ein Helfer und Beistand ist. Er ist beides, Person und Kraft, Nachfolger und Stellvertreter Jesu.

Pfingsten – Gemeinschaft des Heiligen Geistes

Die Apostelgeschichte (2,1-41) berichtet, dass sich die Jünger Jesu am 50. Tag nach Ostern in einem Haus versammelten. Dort empfingen sie den Heiligen Geist, der sie in die Lage versetzte, in anderen Sprachen zu reden. Jerusalem war an diesem Tag – es wurde das Wochenfest gefeiert – mit Pilgern überfüllt. Aus vielen Ländern waren sie angereist und staunten, dass sich jeder in seiner Muttersprache reden hörte. Die Außenstehenden, Beobachter des Geschehens, hatten nur Spott übrig für das, was sie sahen (2,13). Waren die Gläubigen betrunken? Gegen diesen Vorwurf verwahrt sich Petrus in seiner Predigt (2,14-36, s. bes. 2,15). Er verweist vielmehr darauf, dass sich in dem Ereignis eine Verheißung des Propheten Joel (3,1-5) erfüllte. Darauf folgt die Verkündigung des Todes und der Auferweckung Jesu. Petrus beruft sich in diesem Zusammenhang auf die Psalmen Davids (16,8-11; 110,1). Die Menge reagiert mit Ergriffenheit und fragt »was sollen wir tun?« (2,37). Petrus fordert sie auf, Buße zu tun und sich taufen zu lassen (2,38). 3000 Menschen folgten diesem Aufruf (2,41). Damit wurde das Ereignis der Ausgießung des Heiligen Geistes zur Geburtsstunde der christlichen Gemeinde und somit auch der Kirche.

Der Heilige Geist sammelt die Menschen. Er wirkt einheitsstiftend und hebt die Zerrissenheit, die Zerstreuung auf. Letztere ist die Konsequenz des Turmbaus zu Babel gewesen (1. Mose 11,1-9). »Es hatte aber alle Welt einerlei Zunge und Sprache«, heißt es in 1. Mose 11,1. Der Versuch aber, sich durch diesen Bau, der bis an den Himmel heranreichen sollte, einen Namen zu machen, wird von Gott durchkreuzt: Keiner verstand mehr den anderen, sie wurden zerstreut.

Das Wirken des Heiligen Geistes

In 2. Korinther 13,13 spricht Paulus von der »Gemeinschaft des Heiligen Geistes«. Der Begriff »Gemeinschaft« (griechisch: koinonia; lateinisch: communio) enthält zwei Bedeutungen: Teilhabe und Gemeinschaft. Unter Menschen kann Gemeinschaft entstehen, wenn sie durch etwas Gemeinsames untereinander verbunden sind. Das heißt: Menschen haben am Heiligen Geist und an seinen Wirkungen Anteil:

- durch Taufe und Abendmahl: »Wir sind durch einen Geist alle zu einem Leib getauft ... und sind alle mit einem Geist getränkt« (1. Korinther 12,13);
- durch die Verkündigung: Der Auferweckte sendet seine Jünger mit der Verheißung: »Ihr werdet die Kraft des heiligen Geistes empfangen, der auf euch kommen wird, und werdet meine Zeugen sein« (Apostelgeschichte 1,8);
- durch das Gebet: »... wie viel mehr wird der Vater im Himmel den heiligen Geist geben denen, die ihn bitten« (Lukas 11,13).

Der Heilige Geist bewirkt den Glauben des Einzelnen als eine individuelle Antwort. »Niemand kann Jesus den Herrn nennen außer durch den heiligen Geist« (1. Korinther 12,3). Und er macht den Menschen »zu einer Wohnung Gottes im Geist« (Epheser 2,22).

Das Gebet

Beten – nicht wenigen Menschen fällt dies schwer. Eine Erfahrung, die der Bibel jedoch nicht fremd ist. Auch Paulus hatte damit seine Probleme: »Wir wissen nicht, was wir beten sollen, wie sich's gebührt; sondern der Geist selbst vertritt uns mit unserem unaussprechlichem Seufzen« (Römer 8,26). Der Geist Gottes ist die Kraft, die Menschen mit Gott zu verbinden mag, die das Unaussprechliche zu Gott transportiert. Paul Tillich hat einmal formuliert: »Jedes Gebet – sei es in Worten oder ohne Worte –, das sein Ziel erreicht, nämlich die Wiedervereinigung mit dem göttlichen Grund unseres Seins, ist das Werk seines Geistes, der in uns und durch uns spricht.« Auf diese Weise tritt ein, was der Prophet Sacharja als Zusage Gottes vorhersagte: »Ich will ausgießen den Geist der Gnade und des Gebets« (12,10).

Die Gnade

Die Erfahrung vieler Menschen heute ist nicht nur, sich vor Gott sprachlos zu fühlen. Es ist überhaupt der Zweifel an der Nähe Gottes. Und dann die bohrenden Fragen: Gibt es ein Leben nach dem Tod? Wenn ja, werde ich dann im Jüngsten Gericht bestehen können? Ist Gott wirklich der »liebe Gott«? Fragen, auf die es keine letzten Antworten gibt. Paulus antwortet so: »Ihr habt nicht einen knechtischen Geist empfangen, dass ihr euch abermals fürchten müsst; sondern ihr habt einen kindlichen Geist empfangen, durch den wir rufen: Abba, lieber Vater! Der Geist selbst gibt Zeugnis unserm Geist, dass wir Gottes Kinder sind« (Römer 8,15f.).

Die Liebe

Der Heilige Geist verbindet nicht nur Menschen mit Gott, sondern auch Menschen untereinander. Der christliche Glaube weist immer auf die Gemeinschaft der Glaubenden hin. Glaube ohne Gemeinschaft ist aus biblischer Sicht nicht denkbar. So verweisen Jesu Ruf »Folge mir nach!« (Matthäus 8,22; 9,9; 16,24; Markus 2,14; Lukas 9,23), seine Gleichnisse und seine Aufforderung »Gehe hin und tue desgleichen!« (Lukas 10,37) auf den Nächsten. Glauben und Handeln gehören ebenfalls untrennbar zusammen. Und doch gilt: Die Früchte des Geistes sind nicht machbar. »Die Frucht aber des Geistes ist Liebe, Freude, Friede, Geduld, Freundlichkeit, Güte, Treue, Sanftmut und Keuschheit« (Galater 5,22f.).

Die Freiheit

Der Heilige Geist lässt sich nicht zwingen. »Der Wind bläst, wo er will, und du hörst sein Sausen wohl; aber du weißt nicht, woher er kommt und wohin er fährt. So ist es bei jedem, der aus dem Geist geboren ist« (Johannes 3,8). Im Griechischen wie im Hebräischen wird für »Geist« wie für »Wind« das gleiche Wort verwendet. Folglich kann man das Wirken des Geistes mit der Ungebundenheit des Windes vergleichen. Wann und wo wirkt aber der Heilige Geist, und wo ist beziehungsweise war dies nicht der Fall? Eine heikle Frage! Unbestreitbar gibt es Schwärmerei und Subjektivismus, auch unheiligen Geist. Und doch rät Paulus: »Den Geist dämpft nicht!« (1. Thessalonicher 5,19). »Die Geister zu unterscheiden« (1. Korinther 12,10) – dies ist nicht immer leicht, auch wenn dies eine zentrale Aufgabe ist.

Gaben des Geistes

Geistesgaben (griechisch: pneumatika) werden im Neuen Testament Gaben genannt, mit denen der Heilige Geist die Gläubigen für den Dienst in der Gemeinde ausstattet (1. Korinther 12,1; 14,1). In diesem speziellen Sinn kommt dieser Begriff nur im Neuen Testament vor. Im Alten Testament ist gleichwohl der »Inhalt« dieser Gaben anzutreffen. Beispielsweise werden Einzelne mit dem »Geist der Weisheit« ausgestattet, um für Aarons Priesterweihe das passende Gewand anzufertigen (2. Mose 28,3) beziehungsweise »mit Weisheit und Verstand und Erkenntnis und mit aller Geschicklichkeit, kunstreich zu arbeiten in Gold, Silber und Kupfer« (2. Mose 31,3f.), um die Stiftshütte und ihre Geräte anfertigen zu können. Dazu werden Richter, Könige und Propheten (s.o.) berufen und durch den Geist zu machtvollem Handeln befähigt.

Geistesgaben sind zu unterscheiden von Irdischem oder Fleischlichem (1. Korinther 2,13ff.; 3,1; 15,44ff.; Galater 6,1;

1. Petrus 2,5). Wesentlich häufiger ist der Begriff der Gnadengaben (griechisch: charismata, charis – Gnade) anzutreffen. Die eine Gnade Gottes, die sich auf verschiedene Art erweist (1. Petrus 4,10), entfaltet sich in einer Vielzahl und Vielfalt von Gnadengaben (1. Korinther 12,4ff. 28.30; 1. Timotheus 4,14; 2. Timotheus 1,6). Bei Paulus hat der Begriff der »Gnadengaben« noch eine weitere Bedeutung. In Römer 6,6 nennt er das »ewige Leben« eine Gabe Gottes. Und die gegenseitige Ermutigung (Römer 1,11) ist aus seiner Sicht ebenfalls eine »geistliche Gabe«.

Zweimal ist im Neuen Testament von Gaben, 17-mal von Gnadengaben die Rede. Wer an Jesus Christius glaubt, hat den Heiligen Geist empfangen, denn »niemand kann Jesus den Herrn nennen, außer durch den Heiligen Geist« (1. Korinther 12,3). Zugleich gibt der Heilige Geist den Glaubenden Gaben zum Dienst in der Gemeinschaft. Paulus spricht im Römerbrief von »verschiedenen Gaben nach der Gnade, die uns gegeben ist« (12,6). Und da der Heilige Geist schier unerschöpflich wirkt, gibt es einen kaum zu übersehenden Reichtum an Gaben. Und dieser ist nicht auf Einzelne beschränkt, sondern: »In einem jeden offenbart sich der Geist zum Nutzen aller« (1. Korinther 12,7). Die Quintessenz: Kein Mensch ist unbegabt!

In 1. Korinther 12 und 14 sowie in Römer 12 sind eine Reihe von Gaben konkret genannt:

Weisheitsrede (1. Korinther 12,8)
Erkenntnisrede (1. Korinther 12,8; 14,6)
Glaube (1. Korinther 12,9)
Krankenheilung (1. Korinther 12,9)
Prophetie (1. Korinther 12,10; 14,1ff.; Römer 12,6)
Geisterunterscheidung (1. Korinther 12,10; 14,29)
Zungenrede/Sprachenrede (1. Korinther 12,10; 14,2ff.)
Auslegung der Zungenrede/Sprachenrede (1. Korinther 12,10; 14,26)

Offenbarung (1. Korinther 14,6.26.30)
Lehre (1. Korinther 14,6.26; Römer 17,7)
Dienst/Diakonie (Römer 12,7)
Geben (Römer 12,8)
Vorstehen (Römer 12,8)
Barmherzigkeit üben (Römer 12,8)

Es fällt auf, dass es sich hierbei letztlich um eine willkürlich zusammengesetzte Liste mit Gnadengaben handelt. Paulus dürfte keine systematische Entfaltung, geschweige denn eine vollständige Aufzählung möglicher Gaben im Sinn gehabt haben. Gleichwohl stellt sich die Frage, wie sich so genannte natürliche Fähigkeiten, die ein Mensch schon mitbringt, zu den Gaben verhalten, die einem im Sinne einer Fertigkeit beigebracht werden können, um sich Kompetenz zu erwerben. In 1. Timotheus 3,2 ist beispielsweise im Blick auf das Bischofsamt davon die Rede, dass der Amtsinhaber »geschickt im Lehren« sein soll. Dabei ist zu vermuten, dass er dieses Talent als eine natürlich Gabe schon mitbringen sollte.

Sinn der Gaben

Die oben genannten Gaben sind kein Selbstzweck. Die Gläubigen gehören zu dem einen Leib Christi (1. Korinther 12,13; Römer 12,5f.). Mit den ihnen anvertrauten Gaben sollen sie zur Auferbauung dieses Leibes beitragen. Das heißt: Die sind einzig dazu da, in der Gemeinde und für die Gemeinde eingesetzt zu werden. Die genannten Gaben kommen in verschiedenen Diensten zum Ausdruck:

Apostel (Epheser 4,11ff.; 1. Korinther 12,28)
Prophet (Epheser 4,11; 1. Korinther 12,28), prophetische Rede (Römer 12,4), Reden als Wort Gottes (1. Petrus 4,10f.)
Evangelist (Epheser 4,11ff.)
Hirte (Epheser 4,11ff.)

Diakonie/Barmherzigkeit üben (Römer 12,8; 1. Petrus 4,10)
Lehrer (Epheser 4,11ff.; 1. Korinther 12,28), Lehre (Römer 12,4ff.)
Seelsorge (Römer 12,4ff.)
Almosenverteilung (Römer 12,4ff.)
Machttaten/Wunder (1. Korinther 12,28)
Heilungen (1. Korinther 12,28)
Leiten/Verwalten (1. Korinther 12,28), Vorstehen (Römer 12,4ff.)
Verschiedene Arten von »Sprachen«/Zungenreden (1. Korinther 12,28)

Einzelne Gaben

Die Gaben des Wortes

- Die Weisheitsrede entsteht nicht einfach auf der Grundlage menschlichen (erworbenen) Wissens. »Wovon wir aber reden, das ist dennoch Weisheit bei den Vollkommenen; nicht eine Weisheit dieser Welt, auch nicht der Herrscher dieser Welt, die vergehen. Sondern wir reden von der Weisheit Gottes, die im Geheimnis verborgen ist, die Gott vorherbestimmt hat vor aller Zeit zu unserer Herrlichkeit, die keiner von den Herrschern dieser Welt erkannt hat; denn wenn sie die erkannt hätten, hätten sie den Herrn der Herrlichkeit nicht gekreuzigt« 1. Korinther 2,6ff.).
- Die Prophetie (1. Korinther 14) hat das Ziel, Menschen vor Gott zu stellen, dass sie ihn erkennen, ihn anbeten, sich zu ihm bekennen (14,24ff.). Prophetisches Reden trägt zur Erbauung, Mahnung und Tröstung bei (14,3).
- Die Gabe der Offenbarung ist eng mit der Prophetie verknüpft. Sie macht den Einzelnen beziehungsweise die Gemeinde mit dem Willen Gottes bekannt.

- Die Sprachenrede/Zungenrede: In Apostelgeschichte 2,4 wird berichtet, dass die Apostel anfingen, in Sprachen beziehungsweise Zungen zu reden (griechisch: glossais lalein). Wo dies heute geschieht, sind nur in den seltensten Fällen wirkliche Fremdsprachen wahrnehmbar. Vielmehr handelt es sich um ein Sprachgeschehen – Sprache ohne festgelegte Bedeutung der Worte und ohne eindeutige Grammatik. Mehr noch um ein ekstatisches Phänomen. Paulus ordnet diese Gabe dem persönlichen Glaubensleben zu. Im Gottesdienst hat diese Gabe nur ihren Platz, wenn jemand auch die Gabe hat, diese Sprachenrede (1. Korinther 14,27f.) auszulegen, denn ohne Deutung bleibt sie unverständlich.
- Die Gabe der Lehre unterstreicht, dass der Glaube auf einer soliden Grundlage ruht. Auch wenn der Einzelne durch das Lesen der Bibel einen unmittelbaren Zugang zum Wort Gottes hat, so ist es doch auch erforderlich, Zusammenhänge aufzuzeigen.
- Die Gabe der Ermahnung ist als seelsorgerlicher Zuspruch zu verstehen, der beides enthalten kann: Ermutigung und Warnung.

Die Gaben des Handelns

- Die Gabe des Glaubens meint nicht allein individuelle Erkenntnis, sondern beschreibt auch die vertrauensvolle Beziehung zu Gott, die dazu führt, als sein Werkzeug zu dienen.
- Die Gabe der Heilung ist vor dem Hintergrund des beschriebenen Glaubens zu sehen, der darauf vertraut, dass Gott auch Wunder wirkt.
- Die Gabe der Diakonie macht es möglich, dass Menschen in unterschiedlichen Situationen tatkräftige Hilfe zuteil wird. In besonderer Weise kommt dies darin zum Ausdruck, dass Barmherzigkeit geübt wird.

Die Gabe der Leitung

Der Geist Gottes befähigt Menschen, Gemeinde zu leiten, organisatorisches Talent zu entfalten, Verwaltung effizient zu gestalten, sorgfältig vorzugehen.

Die Gabe der Geisterunterscheidung

Diese Gabe ist erforderlich, um rechte von falscher Lehre zu unterscheiden, um zu erkennen, welches Wirken seinen Ursprung in Gott hat und welche Gaben von Gott kommen. Im Alten Testament ist immer wieder von falschen Propheten (1. Könige 22,5ff.; Jeremia 28; Klagelieder 2,14; Nehemia 6,14) die Rede. Und auch Jesus warnt vor falschen Propheten, die mit Zeichen und Wundern auftreten (Matthäus 7,15.21ff.; 24,4f.11.24). Im 1. Johannesbrief (4,1ff.) sowie in der Offenbarung (2,20) wird ebenfalls das Auftreten von Pseudopropheten thematisiert. Es ist nicht der Geist Gottes, der diese leitet, sondern »der Geist des Antichrists« (1. Johannes 4,3). Dies stiftet Verwirrung, so dass die Gemeinde die Gabe der Unterscheidung der Geister nötig hat. Die Gemeinde soll die Geister prüfen (1. Thessalonicher 5,19ff.; Offenbarung 2,2). Weil alle Glaubenden den Heiligen Geist empfangen haben, ist die Beurteilung möglich, ob das, was ein Prophet sagt, wirklich vom Geist Gottes inspiriert ist (1. Korinther 14,29). Die Gemeinde soll auf den Inhalt der Botschaft sowie auf die Lebensführung der Verkündiger des Wortes Gottes achten: »An ihren Früchten sollt ihr sie erkennen« (Matthäus 7,16); »Die Frucht aber des Geistes ist Liebe, Freude, Friede, Geduld, Freundlichkeit, Güte, Treue, Sanftmut und Keuschheit« (Galater 5,22f.).

Fazit: Die oben beschriebenen Gaben sind nicht exklusiv im Besitz einiger weniger Menschen. Vielmehr ist vom Priestertum aller Gläubigen die Rede, zu dem die ganze Gemeinde berufen und befähigt ist. Im priesterlichen Dienst steht, wer durch den Glauben an Jesus Christus zu neuem Leben wiedergeboren ist. Jeder Einzelne wirkt mit der Gabe, die Gott ihm anvertraut hat, in der Gemeinde: »Und auch ihr als lebendige Steine erbaut euch zum geistlichen Hause und zur heiligen Priesterschaft, zu opfern geistliche Opfer, die Gott wohlgefällig sind durch Jesus Christus. Ihr aber seid das auserwählte Geschlecht, die königliche Priesterschaft, das heilige Volk, das Volk des Eigentums, dass ihr verkündigen sollt die Wohltaten dessen, der euch berufen hat von der Finsternis zu seinem wunderbaren Licht« (1. Petrus 2,5.9).

Der Glaube an den Heiligen Geist

Die in der Bibel ausgeführten Erfahrungen, wie der Heilige Geist wirkt, sind schon in der frühen Christenheit in Glaubensbekenntnissen zusammengefasst worden. Das Glaubensbekenntnis der Christen wird Credo (»ich glaube«) genannt. Es drückt den Grund ihres Glaubens aus, das, was für sie verbindlich ist. Die Bekenntnisbildung, die Festlegung von zentralen Sätzen des christlichen Glaubens, war ein langwieriger Prozess. Als maßgebliches Glaubensbekenntnis hat sich aus einer Vielzahl örtlicher Bekenntnisse seit dem 4. Jahrhundert das Bekenntnis von Nizäa-Konstantinopel (325), das »Nizänum«, durchgesetzt. In den orthodoxen Kirchen eröffnet es im Gottesdienst den Abendmahlsteil. In der westlichen Kirche markiert es seit dem 12. Jahrhundert den Abschluss der biblischen Lesungen. Das Nizänum ist das eigentliche ökumenische Glaubensbekenntnis.

Die Taufe – Gabe des Heiligen Geistes

Martin Luther bezeichnet die Taufe in seinem »Kleinen Katechismus« als »Bad der neuen Geburt im Heiligen Geist«. Die

Taufe ist zum einen Gottes Ja zu uns Menschen. Sie ist eine Art Liebes- und Treueerklärung, dass Gott zu uns steht. Darüber hinaus wird der Getaufte mit Jesus Christus verbunden: »Ihr alle, die ihr auf Christus getauft seid, habt Christus angezogen« (Galater 3,27). Wenn der Täufling im Taufgottesdienst mit dem Kreuz gezeichnet und mit Wasser getauft wird, so wird er mit Tod und Auferweckung Jesu Christi von den Toten in Verbindung gebracht. Mit der Taufe beginnt ein neues Leben – in der Gemeinschaft der Christen. »Ist jemand in Christus, so ist er eine neue Kreatur; das Alte ist vergangen, siehe, Neues ist geworden«, schreibt Paulus im 2. Korintherbrief (5,17). Dieser Neubeginn geschieht durch die Taufe. Gott bleibt dem Menschen treu. Er gibt ihm in der Taufe den Heiligen Geist, der in ihm den Glauben weckt und stärkt und vielfältige Gaben und Fähigkeiten schenkt. In der Taufe handelt Gott, der Vater, der Schöpfer und Erhalter allen Lebens, der Sohn, der gekreuzigt wurde und auferstanden ist, und der Heilige Geist, der Leben ständig erneuert und Menschen inspiriert. Dies alles kommt in der Taufformel zum Ausdruck, in der Menschen getauft werden »im Namen des Vaters und des Sohnes und des Heiligen Geistes«.

Gegen den Heiligen Geist – die größte Sünde

Sünde und Schuld – Menschen leiden unter dieser Last, hoffen auf Vergebung, auf einen Neuanfang. Schuld kann nicht automatisch vergeben werden, sie setzt die Einsicht in Fehlverhalten und den Wunsch nach einem Neubeginn voraus. Im Neuen Testament wird in drei der vier Evangelien von einer Sünde berichtet, die nicht vergeben wird: die Sünde gegen den Heiligen Geist.

»Darum sage ich euch: Alle Sünde und Lästerung wird den Menschen vergeben; aber die Lästerung gegen den Geist wird nicht vergeben. Und wer etwas redet gegen den Menschensohn, dem wird es vergeben; aber wer etwas redet gegen den heiligen

Geist, dem wird's nicht vergeben, weder in dieser noch in jener Welt« (Matthäus 12,31f.; s.a. Markus 3,28ff.; Lukas 12,10). Der Zusammenhang, in dem dieser Abschnitt steht, gibt Aufschluss, wie die Rede von der Sünde wider den Heiligen Geist zu verstehen ist. Matthäus erzählt folgende Begebenheit (12,22-30): »Da wurde ein Besessener zu Jesus gebracht, der war blind und stumm; und er heilte ihn, so dass der Stumme redete und sah. Und alles Volk entsetzte sich und fragte: Ist dieser nicht Davids Sohn? Aber als die Pharisäer das hörten, sprachen sie: Er treibt die bösen Geister nicht anders aus als durch Beelzebul, ihren Obersten. Jesus erkannte aber ihre Gedanken und sprach zu ihnen: Jedes Reich, das mit sich selbst uneins ist, wird verwüstet; und jede Stadt oder jedes Haus, das mit sich selbst uneins ist, kann nicht bestehen. Wenn nun der Satan den Satan austreibt, so muss er mit sich selbst uneins sein; wie kann dann sein Reich bestehen? Wenn ich aber die bösen Geister durch Beelzebul austreibe, durch wen treiben eure Söhne sie aus? Darum werden sie eure Richter sein. Wenn ich aber die bösen Geister durch den Geist Gottes austreibe, so ist ja das Reich Gottes zu euch gekommen. Oder wie kann jemand in das Haus eines Starken eindringen und ihm seinen Hausrat rauben, wenn er nicht zuvor den Starken fesselt? Erst dann kann er sein Haus berauben. Wer nicht mit mir ist, der ist gegen mich; und wer nicht mit mir sammelt, der zerstreut.«

Vor diesem Hintergrund ergibt sich folgende Deutung: Wenn jemand wider besseres Wissen das Werk des Heiligen Geistes als Werk des Teufels diffamiert, dann ist dies eine Sünde gegen den Heiligen Geist.

Ein anderer Ansatz: Der Heilige Geist will, dass Leben gelingt. Wo eine/r nicht auf die Sinn stiftende Macht des Geistes vertraut, in Resignation verharrt, den Zuspruch nicht annimmt, dem Heiligen Geist im Grunde Widerstand entgegensetzt, dort ist von Sünde zu reden.

Und es ist von Sünde wider den Heiligen Geist zu reden, wo eine/r richtig Erkanntes nicht ins Gespräch bringt, sondern für sich behält. Mit offenem Visier durchs Leben zu gehen, mutig zu seinen Einsichten zu stehen, Fehler zu benennen – das ist Leben aus dem Geist.

Das Nizänische Glaubensbekenntnis

Wir glauben an den einen Gott,
den Vater, den Allmächtigen,
der alles geschaffen hat,
Himmel und Erde,
die sichtbare und die unsichtbare Welt.

Und an Jesus Christus,
Gottes eingeborenen Sohn,
aus dem Vater geboren vor aller Zeit:
Gott von Gott, Licht vom Licht,
wahrer Gott vom wahren Gott,
gezeugt, nicht geschaffen,
eines Wesens mit dem Vater;
durch ihn ist alles geschaffen.
Für uns Menschen und zu unserm Heil
ist er vom Himmel gekommen,
hat Fleisch angenommen
durch den Heiligen Geist
von der Jungfrau Maria
und ist Mensch geworden.
Er wurde für uns gekreuzigt
unter Pontius Pilatus,
hat gelitten und ist begraben worden,
ist am dritten Tage auferstanden
nach der Schrift
und aufgefahren in den Himmel.
Er sitzt zur Rechten des Vaters
und wird wiederkommen in Herrlichkeit;

zu richten die Lebenden und die Toten;
seiner Herrschaft wird kein Ende sein.

Wir glauben an den Heiligen Geist,
der Herr ist und lebendig macht,
der aus dem Vater und dem Sohn hervorgeht,
der mit dem Vater und dem Sohn
angebetet und verherrlicht wird,
der gesprochen hat durch die Propheten,
und die eine, heilige,
allgemeine und apostolische Kirche.
Wir bekennen die eine Taufe
zur Vergebung der Sünden.
Wir erwarten die Auferstehung der Toten
und das Leben in der kommenden Welt.
Amen.

Exkurs: Der Streit um das »Filioque«

Zwar gilt das Nizänum als das ökumenische Glaubensbekenntnis schlechthin, doch wird in den orthodoxen Kirchen im dritten Abschnitt nur bekannt: »der aus dem Vater hervorgeht«. Die Hinzufügung »und dem Sohn« (filioque) ist in der westlichen Kirche erst im letzten der sieben Ökumenischen Konzile erfolgt. Die päpstliche Anerkennung gab es dafür im Jahre 1014. Diese Hinzufügung wird von den orthodoxen Kirchen bis heute abgelehnt. Sie berufen sich dabei auf Johannes 15,26, wo es heißt: »der Geist, der vom Vater ausgeht«. Demgegenüber berufen sich die Befürworter der Hinzufügung auf Johannes 20,22: »Und als er (Jesus) dies gesagt hatte, blies er sie an und spricht zu ihnen: Nehmt hin den heiligen Geist!«

Der Streit macht deutlich: In der Trinitätslehre gibt es zwischen evangelischer und römisch-katholischer Theologie kaum Unterschiede. In der Zwischenzeit sind zum Beispiel die Altkatholische sowie die Anglikanische Kirche dazu übergegangen, auf die Hinzufügung »und dem Sohn« zu verzichten.

Das Apostolische Glaubensbekenntnis

Das Apostolische Glaubensbekenntnis (Apostolicum) gilt als leichter einprägsame Fassung zentraler Glaubenssätze. Seinen Namen hat das Apostolicum nach einer alten Legende, wonach jeder der zwölf Apostel einen Satz beigesteuert haben soll.

Ich glaube an Gott,
den Vater, den Allmächtigen,
den Schöpfer des Himmels und der Erde,
und an Jesus Christus,
seinen eingeborenen Sohn, unsern Herrn,
empfangen durch den Heiligen Geist,
geboren von der Jungfrau Maria,
gelitten unter Pontius Pilatus,
gekreuzigt, gestorben und begraben,
hinabgestiegen in das Reich des Todes,
am dritten Tage auferstanden von den Toten,
aufgefahren in den Himmel;
er sitzt zur Rechten Gottes,
des allmächtigen Vaters;
von dort wird er kommen
zu richten die Lebenden und die Toten.
Ich glaube an den Heiligen Geist,
die heilige christliche Kirche,
Gemeinschaft der Heiligen,
Vergebung der Sünden,
Auferstehung der Toten
und das ewige Leben.
Amen.

Wie bereits im Nizänum, so ist auch hier der Heilige Geist aufs Engste mit der Kirche und der Gemeinschaft der Heiligen verbunden. Es wäre jedoch ein Missverständnis, wollte man den Geist nur auf das Wirken innerhalb der Institution Kirche festlegen. Vielmehr wird die Kirche an ihren Ursprung erinnert. Man beachte die Formulierung: Nur beim Heiligen Geist – wie zuvor schon bei Gott dem Vater und Jesus Christus, dem Sohn – »ich glaube an ...«. Im Zusammenhang der Kirche fehlt dieses »an«. Von einem Glauben an die Kirche im Sinne eines Sich-Verlassens, Sich-Anvertrauens kann überhaupt keine Rede sein.

Der dreieinige Gott

Im Neuen Testament findet sich keine ausformulierte Trinitätslehre. Sie ist vielmehr Ergebnis eines Reflexionsprozesses, in dem die Frage zur Klärung anstand, was das Bekenntnis zu Jesus für den Glauben an Gott bedeutet.

Die Beziehung zwischen Gott und Jesus wird als sehr eng beschrieben. Jesus redet Gott in Markus 14,36 mit »Abba« (»lieber Vater«) an, worin eine einzigartige Vater-Sohn-Beziehung zum Ausdruck kommt. Diese Beziehung wird bei der Taufe Jesu durch eine Stimme aus dem Himmel bestätigt: »Das ist mein lieber Sohn, an dem ich Wohlgefallen habe« (Matthäus 3,17). Das Vater-Sohn-Verhältnis bleibt nicht verborgen. Bei der Kreuzigung Jesu sagt der heidnische Hauptmann: »Wahrlich, dieser ist Gottes Sohn gewesen« (Matthäus 27,54). Vater und Sohn kennen sich: »Alles ist mir übergeben von meinem Vater; und niemand kennt den Sohn als nur der Vater, und niemand kennt den Vater als nur der Sohn und wem es der Sohn offenbaren will« (Matthäus 11,27). Das Johannesevangelium geht noch einen Schritt weiter und spricht von der Einheit zwischen Vater und Sohn: »Ich und der Vater sind eins« (10,20). Und noch ein Aspekt, der auf ein besonderes Verhältnis zwischen Jesus und Gott hinweist: Im Grunde wird die Vergebung der Sünden ausschließlich von Gott erwartet, doch wird dies bei Markus auch von Jesus gesagt (2,5.7).

Wenn Jesus als »Herr« und »Gott« (Johannes 1,18; 20,28; Römer 9,5; Titus 2,13; 2. Petrus 1,1; 1. Johannes 5,20) angesprochen wird, hat dies Bekenntnischarakter, der im Neuen Testament seinen Ursprung hat. Im Prolog des Johannesevangeliums wird Jesus mit dem göttlichen Wort (griechisch: Logos) identifiziert: »Im Anfang war das Wort, und das Wort war bei Gott, und das Wort war Gott« (1,1).

Dass der Heilige Geist als eine eigenständige Instanz verstanden werden konnte, hat seinen Grund in den Aussagen über den Parakleten (Tröster), den Jesus seinen Jüngern verheißt: »Wenn der Tröster kommen wird, den ich euch senden werde vom Vater, der Geist der Wahrheit, der vom Vater ausgeht, der wird zeugen von mir« (Johannes 15,26) und »euch in alle Wahrheit leiten« (16,13). Der Geist nimmt die Stelle Jesu ein, vertritt ihn.

Man kann spekulieren, ob es zur Ausbildung einer Trinitätslehre gekommen wäre, wenn es nicht schon dreigliedrige Formeln mit Vater, Sohn und Geist gegeben hätte. Der Gottesdienst beginnt »im Namen des Vaters und des Sohnes und des Heiligen Geistes« und die Taufe wird auch in diesem Namen – immer im Singular – vollzogen.

Um ca. 200 n. Chr. gab es erste Versuche, die Gottheit Jesu näher zu bestimmen. Den Adoptianismus, der besagt, dass Gott Jesus durch die Taufe als Sohn adoptiert hat. Und den Modalismus, der in Vater, Sohn und Geist nur drei Erscheinungsweisen des einen Gottes sah. Zum entscheidenden Streit kam es im 4. Jahrhundert n. Chr., als der Priester Arius in Alexandria die Göttlichkeit Jesu bestritt: Jesus sei zwar ein einzigartiges Geschöpf, vor der Schöpfung der Welt bereits erschaffen, aber eben Geschöpf und nicht Gott. Wenn dem so wäre, so folgerten die Gegner des Arius, dann könne Jesus Gott nicht vollkommen erkennen und man könne nicht sicher sein, in Jesu Wort wirklich Gott zu begegnen. Im Jahre 325 wurde in Nicäa (bei Konstantinopel, heute Istanbul) die Lehre des Arius verworfen und zugleich festgehalten, dass Jesus mit Gott »wesenseins« sei. Doch damit waren die Probleme keineswegs gelöst, denn die Frage entstand, ob damit nicht zwei Götter vorhanden seien.

Wie kann man Gott dreifaltig denken, ohne seine Einheit zu zerstören? Gott hat ein Wesen, das sich in drei ewigen Seinsweisen oder Personen verwirklicht. Für jede dieser Personen gilt: Sie sind ganz Gott, nicht etwa nur zu einem Drittel. Sie unterscheiden sich jedoch darin, wie sie Gott gegenüberstehen. Der Vater ist »ungezeugt«, er »zeugt« den Sohn und lässt den Geist »hervorgehen«. Das göttliche Heilswerk von der Schöpfung bis zur Vollendung wird von allen drei Personen gemeinsam gewirkt: So wie alles, was ist, »durch das Wort« (Christus) entstanden ist (Johannes 1,3) und schon vom ersten Schöpfungstag an »der Geist Gottes über den Wassern schwebte« (1. Mose 1,2), so ist auch der Weg Jesu von Beginn an zu seinem Tod am Kreuz und zur Auferweckung von den Toten vom Heiligen Geist begleitet. Und – wie gesehen – kann man nicht an Jesus glauben ohne den Heiligen Geist.

Es ist jedoch nicht zu übersehen, dass derartige Gedankengänge nicht gerade einfach nachvollziehbar sind. So konnte Philipp Melanchthon schlussfolgern: »Die Geheimnisse der Gottheit sind besser anzubeten als zu erforschen.«

Gott – Vater, Sohn und Geist

Gott der Vater

Für unser Verständnis von Gott ist es nicht unerheblich, dass Jesus Gott als Vater anspricht. Gott ist damit keine anonyme Größe, kein neutraler Urgrund. Das Bild des Vaters – kulturgeschichtlich ausgerichtet an der Rolle des Oberhauptes einer patriarchalen Großfamilie – betont die Fürsorge des Schöpfers für seine Geschöpfe, deren Eigenverantwortung und Freiheit zugleich mit gesehen wird. In zunehmendem Maße wird die Rede von Gott in männlichen Bildern problematisiert, auch wenn keineswegs damit zum Ausdruck kommt, dass Gott männlichen Geschlechts sei. »Ich will euch trösten, wie eine Mutter tröstet«, heißt es bei Jesaja (66,3) und verweist auf eine »andere Seite«, die in der Bibel auch vorhanden ist, in der Geschichte der Kirche aber zu wenig beachtet wurde. Konsequent wird heute in Gebeten formuliert: »Gott, der du bist Vater und Mutter.« Zudem wird daran erinnert, dass der »Geist« weiblichen Geschlechts sei und der Geist im Alten Testament durchaus weibliche Züge trage. Sexuelle Züge in das Gottesbild hineinzutragen, dürfte das eigentliche Problem sein. Es wäre schon viel getan, wenn man das Patriarchalische in den männlichen Metaphern, die auf Gott bezogen sind, abstreifen könnte. Unpersönliche Formeln, die von Gott als Seinsgrund sprechen, dürften wohl keine Lösung sein, denn sie betonen das Anonyme.

Gott der Sohn

Dass Jesus als Sohn Gottes angesehen wird, hat weit reichende Konsequenzen. Jesu Leben, sein Schicksal kann vor diesem Hintergrund nicht mehr nur als die Geschichte eines außergewöhnlichen Menschen, eines »Super-Menschen« betrachtet werden. Und auch von Gott muss dann anders gesprochen werden. So muss beispielsweise seine Allmacht mit der Ohnmacht am Kreuz in Beziehung gesetzt werden. Und es gilt in den Blick zu nehmen, dass nicht einmal der Tod uns von der Liebe Gottes trennen kann: »Ich bin gewiss, dass weder Tod noch Leben, weder Engel noch Mächte noch Gewalten, weder Gegenwärtiges noch Zukünftiges, weder Hohes noch Tiefes noch eine andere Kreatur uns scheiden kann von der Liebe Gottes, die in Christus Jesus ist, unserm Herrn« (Römer 8,38f.).

In Jesus begegnet uns der dem Menschen zugewandte Gott. Menschliche Ungerechtigkeit, Sünde und Schuld sind auf einen neuen Anfang ausgerichtet. Der Tod Jesu am Kreuz – für uns – eröffnet neue Lebensmöglichkeiten. Gott nimmt den Menschen trotz seiner Sünden an. Durch den Tod Jesu am Kreuz hat sich Gott mit den Menschen versöhnt.

Gott der Heilige Geist

Der Heilige Geist ist nicht nur eine geheimnisvolle Kraft. Er ist Person, kann angebetet werden. Nur mit seiner Hilfe kann überhaupt gebetet werden. Der Geist ist es, der für uns beim Vater eintritt (Römer 8,26). Er öffnet unsere Augen und Herzen dafür, dass wir in Jesus Gott erkennen, dass wir uns als Kinder Gottes verstehen, dass die Gemeinschaft als »Leib Christi« (1. Korinther 12) begriffen werden kann. Dieser setzt sich aus Menschen zusammen, die alle mit »Gaben des Geistes« ausgestattet sind. Wenn das Neue Testament vom Geist sagt, dass er »lebendig macht« (1. Korinther 15,45), dann ist von gewollter Lebendigkeit und Vielfalt als ein Reichtum der Gemeinschaft zu sprechen.

Die Dreieinigkeit in der Kunst

In der Kunst wird die Trinität einerseits in Symbolen dargestellt: als gleichseitiges Dreieck, in der Regel umgeben von einem Strahlenkranz. Andererseits wird die Dreifaltigkeit auch in Personen sichtbar: So zeigt eine Ikone des russischen Malers Andrej Rubljew (um 1440) drei Engel mit jugendlichem Aussehen, die bei Abraham zu Tisch sitzen (1. Mose 18). Vor sich haben sie Brot und Kelch, die Gaben des Sakramentes. Gott kommt »dreifaltig« zum Menschen und führt ihn – wie bei Abraham – aus seiner Verzweiflung und Ausweglosigkeit heraus.

In der westlichen Kirche haben sich andere Darstellungen entwickelt: Gott Vater als gekrönter alter Mann umfängt von oben her das Kreuz, an dem der Sohn hängt. Über beiden schwebt der Geist in Gestalt einer Taube. In Anlehnung an Hebräer 9,5 wird dieses Bild »Gnadenstuhl« genannt. Am häufigsten ist die Trinität so dargestellt: Zwei bärtige Männer sitzen nebeneinander. Vom Betrachter aus ist der rechte der Ältere, der Vater. Zu »seiner Rechten«, vom Betrachter aus links, sitzt der Sohn. Und über beiden schwebt eine Taube.

Eine ungewöhnliche Darstellung der Dreieinigkeit findet sich in der Jakobskirche in Urschalling am oberbayerischen Chiemsee. Unschwer ist zu erkennen, dass das mittelalterliche Wandbild den Heiligen Geist in Gestalt einer Frau zeigt, umgeben von Jesus und Gott.

Der Heilige Geist im Kirchenjahr

Das Pfingstfest

Anfangs war der 50. Tag nach Ostern nur als der Tag gefeiert worden, mit dem die Osterzeit zum Abschluss kam. In einem Teil der Kirche setzte sich der Brauch durch, an diesem Tag die Himmelfahrt Christi in den Mittelpunkt zu rücken. In Jerusalem wurden sowohl der Himmelfahrt als auch der Sendung des Geistes gedacht. Zur dritten Stunde am Vormittag (Apostelgeschichte 2,15) wurde zunächst der Ausgießung des Heiligen Geistes gedacht, am Nachmittag stand die Himmelfahrt Jesu im Mittelpunkt. Ende des 4. Jahrhunderts setzte sich die Sendung des Geistes als eigentlicher Inhalt des Pfingstfestes durch.

Die nachösterliche Zeit ist ganz von der Freude über die Auferweckung Jesu geprägt. Neues Leben – das ist die Verheißung, die mit dem auferstandenen Jesus schon jetzt Wirklichkeit geworden ist. In den Gottesdiensten wird nicht nur der Erscheinungen des Auferstandenen gedacht, sondern in den Lesungen aus den Abschiedsreden Jesu liegt der Akzent darauf, dass er das Kommen des Geistes ankündigt. In ihm und durch ihn wird Jesus mit seinen Jüngern weiter Gemeinschaft haben. Dies kommt vor allem im Johannesevangelium (16,5-15) zum Ausdruck. Die Sendung Jesu ist mit der Himmelfahrt und der Sendung des Geistes keineswegs abgeschlossen. Sie setzt sich in der Geschichte der Christen von Generation zu Generation fort – bis der Auferstandene wiederkommt. Durch den Geist haben und bekommen die Glaubenden aus allen Zeiten Teil an dieser Geschichte. Vor diesem Hintergrund kann Pfingsten auch als Geburtstag der Kirche bezeichnet werden.

Die Dreieinigkeit im Kirchenjahr

Trinitatis

Der evangelischen Ordnung folgend, gehört auch die Reihe der Sonntage nach Trinitatis dem Osterfestkreis an. In der katholischen Kirche hat man hingegen die Bindung an den Osterfestkreis aufgehoben, einen neuen Festkreis geschaffen, ohne jedoch seine inhaltliche Bindung an das Ostereignis aufzuheben. Der unmittelbar dem Sonntag nach Pfingsten folgende Tag der Heiligen Dreifaltigkeit (Trinitatis, Dreieinigkeitssonntag) wird sowohl von der evangelischen als auch von der römisch-katholischen Kirche gefeiert. Es handelt sich jedoch um ein christliches Fest, das nicht auf ein in der Bibel bezeugtes Ereignis Bezug nimmt, sondern ein Glaubensthema zum Anlass hat. Auslöser war ein Streit um die Frage nach der Gottheit Christi und des germanischen Arianismus. Arius (ca. 280-336) hatte die These vertreten, dass Christus nicht Gott gleich sei. In der Alten Kirche wurde zu Gott durch Christus im Heiligen Geist gebetet. Das Ergebnis des Streits: Die drei göttlichen Personen wurden einander gleichgeordnet. Zu eigenständigen Adressaten des Gebets sind nun auch Christus, der Heilige Geist und auch die Dreifaltigkeit geworden. Die Lehre von der Dreieinigkeit Gottes wurde zum Dogma erhoben.

Die Pfingstbewegung

Geistliche Aufbrüche und außergewöhnliche Geisterfahrungen ziehen sich wie ein roter Faden durch die Geschichte der Christenheit. Manches ist in der Kirche unterdrückt oder an den Rand gedrängt worden, manches konnte integriert werden – zum Beispiel Orden und Kommunitäten. Die so genannte Pfingstbewegung ist im Kern eine ausgesprochen dynamische Frömmigkeitsbewegung. Sie hat ihre Wurzeln in den sechziger und siebziger Jahren des 19. Jahrhunderts in der amerikanischen Heiligungsbewegung, die wiederum aus dem Methodismus hervorging. John Wesley (1703-1791), der Initiator des Methodismus (Kennzeichen dieser Erweckungs- und Reformbewegung ist das intensive Studium und methodische Durchdringen der Bibel) unterschied zwischen Bekehrung am Anfang eines Glaubensweges und der Heiligung als einer Art »zweiter Segen«, was als zweites Durchbruchserlebnis nach der Bekehrung angesehen wurde.

Die Pfingstbewegung weist in Selbstdarstellungen auf zwei Ereignisse hin, die als Initialzündung gelten können. Im einen Fall spielt die von dem methodistischen Heiligungsprediger Charles F. Parham (1873-1929) gegründete Bibelschule, ein Healing Home in Topeka/Kansas, eine zentrale Rolle. Parham soll Ende 1900 Schülerinnen und Schüler aufgefordert haben, das in der Apostelgeschichte berichtete Zungenreden zu untersuchen. Das Ergebnis: Zungenreden wurde als biblischer Beweis für die Taufe des Heiligen Geistes angesehen, als physisches Erkennungszeichen (initial physical sign) des Gläubigen. Die Folge: Es wurde versucht, ein solches Erlebnis buchstäblich herbeizubeten, was dann auch gelungen sein soll. Parham ging daraufhin 1905 nach Houston/Texas, wo er ebenfalls eine Bibelschule ins Leben rief, um Pfingstprediger auszubilden. Mit seinem Schüler William J. Seymour (1870-1922), einem farbigen Heiligungsprediger, verbindet sich das zweite Startsignal dieser Bewegung, in dessen Mittelpunkt 1906 ein Gebäude in der Azusa Street in Los Angeles steht. Frank Bartleman, ebenfalls Heiligungsprediger, veröffentlichte zahlreiche Beiträge über dieses Phänomen, so dass innerhalb kurzer Zeit viele pfingstlerische Versammlungen entstanden.

Im Jahre 1914 schlossen sich eine Reihe von Pfingstgemeinden zu den Assemblies of God zusammen, die sich zum größten Pfingstverband in den USA entwickelten und Missionare in alle Erdteile entsenden konnten. Die Pfingstbewegung breitete sich vor allem in den Ländern der Dritten Welt aus, vor allem in Südamerika. Dort stellen Pfingstler die größte nichtkatholische Gruppe dar. Auch in Afrika fasste diese Bewegung Fuß. Hinzu kommen in Europa England, die nordischen Länder, Rumänien und Russland.

Die Dynamik dieser Bewegung hat dafür gesorgt, dass kein einheitliches Bild entstehen konnte. Immer wieder wird der Vorwurf erhoben, es handele sich um protestantische Sektierer. Auch wenn man sich mit der Einseitigkeit dieser Frömmigkeit und extremen Gruppen kritisch auseinander setzen muss, so greift zur Beschreibung dieses Phänomens der Sektenvorwurf viel zu kurz. Die Sehnsucht nach Gewissheit im Glauben, nach missionarischen Aufbrüchen, vor allem aber nach Überwindung einer nüchternen, einseitig nur den Intellekt ansprechenden Frömmigkeit – dies ist für die Pfingstbewegung kennzeichnend. Dass sich göttliche Kraft in enthusiastischen, ekstatischen Erlebnissen – Zungenrede – erfahren lässt, die das Rationale übersteigen, macht die Anhänger dieser Bewegung bis heute für manche Christen wie Nichtchristen suspekt.

Ein weiteres Kennzeichen dieser Bewegung ist, dass sie vornehmlich Menschen unterer sozialer Schichten anzusprechen vermochte. Und blickt man auf das Hauptverbreitungsgebiet – die so genannte Zweite und die Dritte Welt –, so sind auch hier die Anhängerinnen und Anhänger Personen, die in Armut leben. Wer sich einer Pfingstkirche anschließt verbindet damit auch die Hoffnung eines sozialen Aufstiegs.

Dass das Christentum weltweit wächst – vor allem in der Dritten Welt, in Asien, Afrika, Lateinamerika –, ist aus der Binnenperspektive der westlichen Welt, insbesondere aus deutscher Sicht, wo die Folgen der Säkularisierung und Kirchenaustritte in großer Zahl die Debatten prägen, nur wenigen deutlich. Und innerhalb des Christentums sind es vor allem die Pfingstkirchen, die ein Wachstum zu verzeichnen haben. Schätzungen zu Folge soll es weltweit bis zu einer halben Milliarde Pfingstler und Charismatiker geben. Wenn man andere Zahlen dagegen hält – rund 60 Millionen Lutheraner, 56 Millionen Baptisten, 38 Millionen Methodisten –, dann bekommt die Pfingstbewegung Gewicht, auch wenn deren Mitgliederzahlen immer wieder angezweifelt werden.

Zwar wachsen die Pfingstgemeinden weltweit, doch ist die Zahl in Deutschland vergleichsweise gering. Die größte Pfingstgemeinschaft, der Bund Freikirchlicher Pfingstgemeinden (BFP), hat nach eigenen Angaben rund 30.000 Mitglieder, Tendenz leicht zunehmend. Andere Pfingstgruppen zählen zwischen 1.000 und 4.000 Mitglieder.

Im Jahre 1907 war die Pfingstbewegung über Norwegen nach Deutschland gelangt. Thomas Ball Barratt (1862-1940), methodistischer Pfarrer und Leiter der Stadtmission in Oslo/ Norwegen, hatte die pfingstlerische Frömmigkeit in den USA kennen gelernt. Zwei Norwegerinnen aus seiner Arbeit waren nach Deutschland eingeladen worden. Die in Kassel durchgeführte Veranstaltung endete buchstäblich im Chaos. Die Verantwortlichen verloren die Kontrolle über das Geschehen. Ekstatische Erscheinungen waren zu beobachten, kontroverse Prophezeiungen, kurzum: Es musste sogar die Polizei einschreiten.

Die Gnadauer Gemeinschaftsbewegung sah in der Veranstaltung einen Skandal und distanzierte sich. Die »Berliner Erklärung« aus dem Jahre 1909 notierte: »Die so genannte Pfingstbewegung ist nicht von oben, sondern von unten; sie hat viele Erscheinungen mit dem Spiritismus gemein. Es wirken in ihr Dämonen, welche, vom Satan mit List geleitet, Lüge und Wahrheit vermengen, um die Kinder Gottes zu verführen ... Wir erwarten nicht ein neues Pfingsten; wir warten auf den wiederkommenden Herrn.« 1972 wurde diese Erklärung bestätigt. Erst in den neunziger Jahren entspannte sich das Verhältnis zwischen der Pfingstbewegung und der evangelikalen Bewegung. Am 1. Juli 1996 kam es zu einer Begegnung zwischen Vertretern der Deutschen Evangelischen Allianz (DEA) und des Bundes Freikirchlicher Pfingstgemeinden (BFP). Die nachfolgende Erklärung trug maßgeblich zu dem heute entspannten Verhältnis bei. In dem Text kommt exemplarisch das Selbstverständnis pfingstlerischer Frömmigkeit zum Ausdruck:

...

1. *Der BFP bekennt sich uneingeschränkt zur Glaubensbasis der DEA. Christen aus den freikirchlichen Pfingstgemeinden sind bereit, auf dieser biblisch-theologischen Grundlage in der DEA mitzuarbeiten und die Gemeinsamkeit des Glaubens in den Mittelpunkt zu stellen. Sie werden unterschiedliche Lehrmeinungen und spezifische Formen der Frömmigkeit innerhalb der DEA respektieren und eigene Unterschiede zu anderen Kirchen und Gemeinschaften um des gemeinsamen Zeugnisses und Dienstes willen in der Allianzarbeit zurückstellen. Das Gebet Jesu um die Einheit seiner Jünger gewinnt für uns auch angesichts der zunehmenden Säkularisierung der Gesellschaft wachsende Bedeutung.*
2. *Im Blick auf die Lehre über den Heiligen Geist und Praxis der Geistesgaben (Charismen) betonen DEA und BFP folgende Übereinstimmungen und treten für deren Verkündigung und praktische Umsetzung ein:*

2.1. *Wir bekennen uns zum dreieinigen Gott, dem Vater, dem*

Sohn und dem Heiligen Geist. Der Heilige Geist ist zugleich Gottes unverfügbares und unverdientes Geschenk an gerechtfertigte Sünder. Wir nehmen diese Gabe demütig und dankbar an.

2.2. *Das grundlegende Werk des Heiligen Geistes besteht darin, dass er zur Erkenntnis der Sünde, zu echter Reue und Buße und zum rettenden Glauben an Jesus Christus führt. Der Heilige Geist verherrlicht Christus und bewirkt mit dem Wort Gottes die Wiedergeburt eines Christen. Er rüstet die Gläubigen mit Gaben aus und gibt die Kraft zum Leben in der Heiligung, wirkt die ›Frucht des Geistes‹ (Galater 5,22) und bevollmächtigt zum Dienst. Diese Sicht lässt kein mehrstufiges Heilsverständnis zu.*

2.3. *Wir bejahen die Gnadengaben des Heiligen Geistes und die Dienste, wie sie im Neuen Testament bezeugt werden (1. Korinther 12 und 14 und Römer 12). Diese dienen zur Erfüllung des missionarischen Auftrags, zum Bau der Gemeinde und zur persönlichen Erbauung. Die Praxis der Dienste und Gaben soll von Liebe und Demut geprägt sein. ›Einer achte den anderen höher als sich selbst‹ (Philipper 2,3; vgl. auch 1. Korinther 13 in seiner zentralen Bedeutung für die Gabenlehre).*

2.4. *Die Gabendienste und ihre Träger sind auf Ergänzungen und Korrektur angewiesen. Sie müssen sich am in der Bibel offenbarten Wort Gottes messen lassen. Deshalb dürfen die verschiedenen Geistesgaben (z.B. Zungenreden, Heilungen, Unterscheidung der Geister etc.) nicht höher geachtet werden als die Dienste (z.B. Lehre, Leitung, Evangelisation, Barmherzigkeit etc.).*

2.4.1. *Prophetie im neutestamentlichen Sinne gibt es sowohl durch vollmächtige Auslegung der Heiligen Schrift in die gegenwärtige Situation von Gemeinde und Welt hinein als auch als geistgewirkte prophetische Rede. Alle Lehre, Weissagung und prophetische Rede ist am Wort der Schrift zu prüfen und zu beurteilen.*

2.4.2. Beim Sprachengebet und der Sprachenrede wird die apostolische Ordnung nach 1. Korinther 14 verbindlich anerkannt.

2.4.3. Krankenheilungen sind freie und unverfügbare Geschenke Gottes. Sie weisen zeichenhaft auf den vollbrachten Sieg am Kreuz und auf das kommende Gottesreich hin. Da wir aber ›im Glauben und nicht im Schauen‹ (2. Korinther 4,18) leben, gilt es, in Verkündigung und Seelsorge neben der Bitte um Krankenheilung stets deutlich zu machen, dass Gott auch in Zeiten der Krankheit segnen und sich verherrlichen kann.

3. Wir bedauern, dass spektakuläre Erscheinungen, wie z.B. das ›Ruhen im Geist‹, ›Lachen im Geist‹, die Austreibung so genannter ›territorialer Geister‹ usw. zur Verunsicherung, Verwirrung und zu Spaltungen in der Gemeinde Jesu geführt haben. Ungeachtet der unterschiedlichen Bewertungen im Einzelnen sind wir uns einig, dass, um des gemeinsamen Auftrags in der Evangelischen Allianz willen, insbesondere im Zusammenhang von Veranstaltungen, Projekten usw., die im Rahmen und in der Verantwortung der Evangelischen Allianz durchgeführt werden, solche umstrittenen Inhalte keinen Raum finden.

4. Das Präsidium Freikirchlicher Pfingstgemeinden und der Hauptvorstand der Deutschen Evangelischen Allianz sind bereit, bei sich ergebenden Schwierigkeiten in der praktischen Zusammenarbeit auf örtlicher oder regionaler Ebene an klärenden Gesprächen mitzuwirken.

Was das Profil pfingstlerischer Gruppen betrifft, so lässt sich eine repräsentative Lehre nicht erkennen, da die Unterschiede zwischen einzelnen Gruppen beträchtlich sind. Auch eine spezifische Theologie ist nicht erkennbar. Kennzeichen der Pfingstbewegung ist eine Erweckungsfrömmigkeit, die in ekstatischen und visionären Erfahrungen des individuellen Ergriffenseins ihren Ausdruck und ihr besonderes Profil findet.

Walter Hollenweger hat im Blick auf den Bund Freikirchlicher Pfingstgemeinden vom »Normaltyp einer gemäßigten pfingstlerischen Gemeinschaft« gesprochen – im weltweiten Vergleich gesehen. Die »Glaubensrichtlinien« des BFP aus dem Jahre 1982 vermitteln einen Eindruck von den Glaubensgrundlagen dieser Gemeinschaft:

Die im Bund Freikirchlicher Pfingstgemeinden zusammengeschlossenen Gemeinden ... wissen sich durch ihr Bekenntnis zum dreieinigen Gott verbunden, der sich durch das inspirierte Wort der Heiligen Schrift offenbart ... Wir glauben an das Dasein des einen Gottes, der in Ewigkeit in drei Personen war, ist und bleibt: den Vater, den Sohn und den Heiligen Geist ... Wir glauben an Jesus Christus, den Sohn Gottes und Erlöser der Welt ... Wir glauben an die jungfräuliche Geburt, den stellvertretenden Versöhnungstod, die leibliche Auferstehung, triumphale Himmelfahrt und beständige Fürsprache des Herrn Jesus Christus und dass ER wiederkommt zur Entrückung seiner Gemeinde und zur Vollendung aller Dinge. Wir glauben an den Sündenfall des Menschen und an die Erlösung durch das Blut Christi als einziges Mittel zur Erlangung des persönlichen Heiles. Dieses als Bekehrung und Wiedergeburt bekannte Erlebnis ist ein Werk des Heiligen Geistes und erfolgt aufgrund von Buße und Glauben an den Herrn Jesus. Wir glauben, dass die Taufe durch Untertauchen im Namen des Vaters, des Sohnes und des Heiligen Geistes an allen vollzogen werden soll, die rechte Buße getan haben und von ganzem Herzen an Christus als ihren Heiland und Herrn glauben ... Wir glauben an die Taufe in den Heiligen Geist nach Apostelgeschichte 2,4 – ›als Bevollmächtigung zum Zeugnis‹ ... Wir glauben, dass ein wahrer Christ ... an der Frucht des Geistes (Galater 5,22) erkennbar ist ... Wir glauben, dass jeder wiedergeborene und getaufte Christ Glied einer lokalen biblischen Gemeinschaft sein soll ... Wir glauben, dass Gott durch die Gaben des Geistes (1. Korinther 12,4-10) und durch die Ämter (Eph. 4,11-14) in der Ge-

meinde wirkt zum Nutzen und Zubereitung der Gemeinde. Wir glauben, dass die Erlösung die Heilung von Krankheit durch göttliches Eingreifen einschließt (Markus 16,17f.; Jakobus 5,14f.) Wir glauben an die Auferstehung: an eine ewige Herrlichkeit für alle, die das göttliche Heil in Jesus Chris-tus durch Glauben annehmen, und an eine ewige Verdammnis für alle, die gleichgültig an Christus vorübergehen (Matthäus 7,13f.; Offenbarung 20,12-15).

Der Glaube an die Verbalinspiration der Bibel, wie überhaupt ein strenger Biblizismus sind weithin kennzeichnend für die Pfingstkirchen. Ihr Glaube ist endzeitlich bestimmt, was in immer wieder anzutreffenden apokalyptischen Visionen und Prophezeiungen zum Ausdruck kommt. Keineswegs handelt es sich aber um eine »nach innen« gerichtete Frömmigkeitsbewegung. Die Pfingstkirchen in der Dritten Welt zeichnen sich gerade dadurch aus, dass sie sich als Kirche der Armen verstehen, die einen sozialen Auftrag zu erfüllen hat, auch wenn sie in der Gestaltung von Welt und Gesellschaft keinen vorrangigen Auftrag sehen.

Der Glaube der Pfingstkirchen ist erlebnisorientiert ausgerichtet. An erster Stelle ist die Erfahrung des Geistwirkens zu nennen. Im Sinne von Lukas 24,29 und Apostelgeschichte 2,2 wird das Wirken des Geistes als »Kraft aus der Höhe« verstanden, von der Menschen ergriffen werden. Dieses Ergriffensein wird erwartet und zugleich buchstäblich herbeigebetet, was auf Außenstehende wie eine Suggestion wirkt.

Charakteristisch ist für die Pfingstkirchen die Lehre von der Geistestaufe und den Geistesgaben. Die Geistestaufe (Markus 1,8; Johannes 1,33; Apostelgeschichte 1,5; Johannes 3,5) wird beschrieben als eine »mächtige Kraft Gottes, die, nachdem der Mensch gerettet worden ist, in ihn eindringt und sich nach außen sichtbar macht durch das biblische Zeichen der Zungenrede«.

Die Geistesgaben (Römer 12; 1. Korinther 12-14) sind nach Auffassung der Gläubigen Kennzeichen eines »geisterfüllten

Christen«. Die »außerordentlichen« oder »übernatürlichen« Gaben wie Zungenrede, Prophetie und Heilung werden in besonderer Weise betont und mitunter auch methodisch eingeübt.

Charakteristisch ist für die Pfingstbewegung auch, dass in ihr der individuelle Heilsweg in Stufen eingeteilt wird. So ist von einem dreistufigen Heilsweg – Bekehrung und Wiedergeburt, Heiligung als Reinigung der Herzen, Taufe mit dem Heiligen Geist – die Rede beziehungsweise von einem zweistufigen Heilsweg – Bekehrung und Geistestaufe. Im zuletzt genannten Fall wird die Heiligung als dauerhafter Vorgang und nicht als ein besonderer Schritt angesehen.

Das Verhältnis der Pfingstkirchen zu den traditionellen Kirchen ist nach wie vor gespannt. Staats- oder volkskirchliche Institutionen werden von den Pfingstlern abgelehnt. Wie eingangs schon angedeutet, ist das Verhältnis der Pfingstkirchen zur ökumenischen Bewegung, insbesondere zum Ökumenischen Rat der Kirchen (ÖRK), der orthodoxe, protestantische und anglikanische Kirchen umfasst, weithin ungeklärt. Gleichwohl gibt es in den Pfingstkirchen Bemühungen, das jahrzehntelange Neben- oder Gegeneinander zu überwinden. Inzwischen sind einige große Pfingstkirchen, etwa aus Chile, Brasilien, Italien und Schweden Mitglieder im ÖRK. Seit 1971 pflegen die Pfingstkirchen den offiziellen Dialog mit der römisch-katholischen Kirche. In Deutschland unterhält der Mülheimer Gemeinschaftsverband von allen pfingstlerischen Gemeinschaften die engsten Beziehungen zur Arbeitsgemeinschaft Christlicher Kirchen (ACK). Seit 1971 besteht ein Gaststatus. Der Dachverband BFP hat hingegen Ende 1984 seinen Gaststatus wieder aufgekündigt.

Pfingstler verstehen sich als überkonfessionell. Ihrem Selbstverständnis nach können geistgetaufte Christen in den alten Strukturen, sprich: in den verfassten Kirchen, nicht bleiben. Dies hat im Prinzip den Kirchenaustritt zur Folge, denn man kann nach pfingstlerischer Auffassung nicht Mitglied einer Kirche sein und zugleich einer Pfingstgemeinde angehören. Diese Auffassung hat auch ihren Grund in der Finanzierung dieser Gemeinden: Sie tragen sich aus Spenden ihrer Mitglieder, die den »Zehnten«, also zehn Prozent ihres Einkommens als Mitgliedsbeitrag zu entrichten haben. In der Praxis ist gleichwohl auch eine so genannte Doppelmitgliedschaft anzutreffen.

Aus der Perspektive der traditionellen Kirchen ist auf eine Reihe zentraler Unterschiede hinzuweisen: Pfingstler lehnen in der Regel die Kinder- beziehungsweise Säuglingstaufe als unbiblisch ab. Sie praktizieren die so genannte Glaubenstaufe, die einen Akt der Bekehrung und ein persönliches Bekennen des Glaubens voraussetzt. Die Taufe als solche hat ihrer Auffassung nach keine Heilswirkung. Pfingstgemeinschaften, die aus lutherischer oder methodistischer Tradition stammen, praktizieren hingegen auf Wunsch auch die Säuglingstaufe. Die Betonung der Geistestaufe lässt den Eindruck entstehen, als handele es sich um einen die Taufe ergänzenden Akt, was die verfassten Kirchen strikt ablehnen.

Fazit: Die Lehre vom Heiligen Geist (Pneumatologie) wird in der Pfingstbewegung – etwa gegenüber der Lehre von Christus (Christologie) – stark überbetont. Zum Ausdruck kommt dies in der besonderen Hervorhebung einzelner Charismen, vor allem der Zungenrede, der Gebetsheilung und der Prophetie (vgl. 1. Korinther 12,8-11), die geradezu als Beweis für die Geistestaufe angesehen werden. Andere Gaben des Geistes, etwa die Fähigkeit, sich als Christ im Alltag zurechtzufinden sowie der Dienst in der Gemeinde (vgl. Römer 12) nehmen einen deutlich niedrigeren Rang ein. Dabei wird auch übersehen, dass nach 1. Korinther 13 die Liebe jenes Urcharisma ist, das alle anderen Gaben und Fähigkeiten erst zu Gnadengaben macht. Auch die Ausrichtung auf Heilungswunder als Ausdruck einer spezifischen Vollmacht wie das Programm einer »geistlichen Kriegsführung« erwecken den Eindruck, als könne der Heilige Geist als Erfüllungsgehilfe individueller Wünsche strategisch eingesetzt werden. Und dass einem

Heilungssuchenden Heilung zugesagt wird, wenn er denn nur »fest glaubt«, provoziert die Frage, wie denn mit der Erfahrung des Nichtgeheiltwerdens und einem überzogenen Wunderglauben umzugehen ist. Eine theologisch-seelsorgerliche Reflexion dieses Problems durch die Pfingstbewegung wartet noch auf eine Antwort.

Was aber macht die Pfingstbewegung so attraktiv? Zum einen bietet sie dem so genannten modernen, aufgeklärten Zeitgenossen mit einer nüchtern-kritischen Haltung »Beweise«, die dieser sucht, um glauben zu können. Darüber hinaus bieten sie ein System einfacher Antworten auf die komplizierten Fragen des Lebens und somit einen Orientierungsrahmen, der Sicherheit vermittelt. Schließlich ist der erlebnis- und erfahrungsbezogene Glaube der Pfingstler anziehend, der die emotionale Seite anspricht. Und es ist das Wirklichkeitsverständnis, mit dem sich die Pfingstler unterscheiden, indem sie dem Wunder beziehungsweise dem Wunderbaren einen zentralen Ort in ihrer Glaubenspraxis bieten. Dies ist das spezifische Profil der Pfingstbewegung, das der Sehnsucht nach Vergewisserung vieler Menschen auf diese Weise Rechnung trägt. Bei aller Kritik an den aufgezeigten Einseitigkeiten und den Verzerrungen des biblischen Zeugnisses, ergeben sich dennoch Anfragen an die etablierten Kirchen, ob diese nicht umgekehrt einseitige Akzentuierungen vornahmen, indem der Intellekt lange Zeit zu stark angesprochen wurde und das Gespür für eine ganzheitliche Religiosität verloren ging und jetzt wiederentdeckt werden muss.

Die charismatische Erneuerungsbewegung

Eine Antwort auf die Pfingstbewegung gibt es auch innerhalb der historischen Kirchen. In den sechziger Jahren des 20. Jahrhunderts kam es auch zu geistlichen Aufbrüchen in der römisch-katholischen Kirche, in der anglikanischen Kirche und in den protestantischen Kirchen. Die Erfahrungen, die in diesem Zusammenhang anzuführen sind, ähneln denen der Pfingstbewegung, wenn von der Erfahrbarkeit des Heiligen Geistes die Rede ist. Der zentrale Unterschied zur Pfingstbewegung: Charismatiker bekennen sich zur eigenen kirchlichen Tradition und versuchen ihre Erfahrungen in diesem Kontext zu deuten. Sie verstehen sich ausdrücklich als Erneuerungs- und Erweckungsbewegung innerhalb der verfassten Kirchen. Sie lehnen das pfingstlerische Stufenschema ab, sie bejahen die Sakramente und das geistliche Leitungsamt, verknüpfen freies und geformtes Beten, alte und neue Lieder, spontanen Lobpreis und geprägte Liturgie. Und in diesen Gottesdiensten ist auch Raum etwa für Sprachenrede und das Angebot einer persönlichen Segnung (z.B. Gebet um Heilung). Daneben gibt es als zweiten Flügel der charismatischen Bewegung neupfingstlerische (neopentecostale) Gruppen, die sich gern als »überkonfessionell« präsentieren, den Pfingstkirchen nahe stehen und neue Gemeinden gründen.

Seit 1984 bezeichnet sich die charismatische Erneuerungsbewegung innerhalb des deutschen Protestantismus als »Geistliche Gemeinde-Erneuerung in der evangelischen Kirche« (GGE). Die römisch-katholische Deutsche Bischofskonferenz hat 1981 eine theologische Erklärung der »Charismatischen Gemeindeerneuerung in der katholischen Kirche« zustimmend zur Kenntnis genommen.

Die charismatische Bewegung unterstreicht mit ihrem Namen die Bedeutung der Charismen, die nach dem Zeugnis des Neuen Testamentes Zeichen geistlichen Lebens und geistlicher Vollmacht der christlichen Gemeinde sind. Allerdings geht es hier weniger um Einzelerscheinungen wie die Zungenrede, auch nicht um deren Überbetonung gegenüber anderen Gaben, sondern darum, die charismatische Dimension im persönlichen Leben des Christen wie in der Gemeinde wiederzugewinnen. Unter »Charisma« wird jede von Gott gegebene Fähigkeit verstanden, »sofern sie durch den Geist Jesu Christi der Selbstverfügung entrissen und in den Dienst der Gemeinde gestellt worden ist«. Zu den Arbeitsformen der charismatischen Bewegung zählen »charismatische Gottesdienste«, auch Lobpreisgottesdienste genannt; Segnungsgottesdienste; Gebetskreise mit Bibelgespräch, Gebet und gegenseitiger Seelsorge; Grundkurse des Glaubens in den Gemeinden; Einführungstagungen, Vertiefungstagungen, Seelsorgetagungen, Regionaltreffen und Kongresse.

Nähe und Distanz der Charismatiker zu ihrer jeweiligen Kirche sind unterschiedlich stark ausgeprägt. In der römisch-katholischen Kirche besteht ein besonders enges Verhältnis. Dies hängt nicht zuletzt auch mit dem Freiraum zusammen, den die Charismatiker in der katholischen Kirche genießen, der in der Struktur von Orden, Kommunitäten und geistlichen Bewegungen zum Ausdruck kommt. In der evangelischen Kirche sind zwei Flügel der charismatischen Bewegung zu erkennen: der eine, der die Zugehörigkeit zur verfassten Kirche betont, der andere, der mehr einen freikirchlichen Ansatz verfolgt und neue Strukturen sucht. So wird zum Beispiel überlegt, ob die Gründung von so genannten Richtungsgemeinden innerhalb der einzelnen Landeskirchen angestrebt werden soll.

Die »Geistliche Gemeinde-Erneuerung in der evangelischen Kirche« beschreibt ihr Selbstverständnis so:

1. *»Die Geistliche Gemeinde-Erneuerung« bekennt sich zur verfassten evangelischen Kirche als dem ihr von Gott zugewiesenen Platz (Heimat und Arbeitsstelle zugleich). Sie glaubt und bekennt, dass Gott dieser Kirche trotz ihrer Schuld und offensichtlichen Verfallserscheinungen bis heute die Treue hält; sie wiedersteht allen Versuchungen, diese Kirche innerlich oder gar äußerlich zu verlassen. Sie betet um die Erneuerung dieser Kirche und setzt sich aktiv dafür ein.*
2. *(Sie) bejaht die Geschichte dieser Kirche als eine vom Heiligen Geist mitgeprägte; sie bejaht damit auch das Vorhandensein von Traditionen …*

3. *(Sie) interpretiert neue geistliche Erfahrungen grundsätzlich von den vorgegebenen Lehrüberlieferungen her ...*
4. *(Sie) bekennt sich zur Notwendigkeit wissenschaftlicher Theologie für die Kirche ...*
5. *(Sie) hat ihr Lebenszentrum in der Wirklichkeit des Kreuzes Christi. Sie bekennt sich deshalb ausdrücklich zu der Sicht christlicher Existenz, wie sie der Apostel Paulus – am stärksten im 2. Korintherbrief – entfaltet hat. Sie versteht sich darum nicht als enthusiastische Bewegung. Sie widerspricht allerdings auch einer so genannten Kreuzestheologie, die Jesu Tod von seiner Auferstehung löst und das Pfingstgeschehen faktisch ausblendet.*
6. *(Sie) bezieht ihren Dienst nicht nur allgemein auf die verfasste Kirche, sondern insbesondere auf die bestehenden Ortsgemeinden ...*
7. *(Sie) versteht sich als Wegbereiterin einer Erweckung innerhalb der Kirche. Sie befindet sich darum in der unaufgebbaren Spannung zwischen dem Willen zur Integration in diese Kirche und der Notwendigkeit, als geistliche Provokation empfunden zu werden.*

Die Bischofskonferenz der Vereinigten Evangelisch-Lutherischen Kirche Deutschlands (VELKD) verabschiedete 1988 einer Erklärung zur »Erneuerung der Kirche durch den Heiligen Geist«. Darin werden die Gemeinden ermutigt, »sowohl im Gebet um den Heiligen Geist nicht nachzulassen, als auch missionarischen Arbeitsformen genügend Raum zu geben«. Unter Hinweis auf die Vielfalt der Charismen würdigt das Papier die unterschiedlichen geistlichen Bewegungen, darunter auch die GGE. »Die Gaben des Heiligen Geistes wollen erbeten, geweckt, genutzt, gepflegt und zur Erbauung des einen Leibes Christi eingesetzt werden«, heißt es wörtlich. »Alle Gaben, die unauffälligeren als auch die auffälligeren, sollen zu ihrem Recht kommen, sich aber auch der Prüfung durch die Gemeinde und ihre Leitung stellen.« Für die Prüfung nennt die Erklärung folgende Maßstäbe: »Übereinstimmung mit Schrift und Bekenntnis, Hingabe an den Dreieinigen Gott, Nachfolge Jesu im Alltag, Aufbau der Gemeinde und Liebe zum Nächsten.« Zugleich wird auf Gefahren verwiesen: »Überbetonung der Gefühle, Herausstellung einzelner Geistesgaben über andere, Flucht aus der Wirklichkeit, zu der auch Leidenserfahrungen gehören, Spaltungen in der Gemeinde.« Letzteres ist nicht ausgeschlossen, wo sich Charismatiker für die einzige Form der Erneuerung halten und die verfasste Kirche abgewertet wird. Freilich gibt es auch Gemeinden, in denen bestimmte Frömmigkeitsstile abgelehnt und an den Rand gedrängt werden und mangelnder Wille zur Integration dieser Erfahrungen Spaltungen provozieren kann. Grundsätzlich gilt: Die Kirche bedarf geistlicher Bewegungen, um vergessene Aspekte des Christseins wieder ins Bewusstsein zu rufen und den Schatz geistlicher Erfahrungen aus ihrer Geschichte dem Vergessen zu entreißen. Deshalb betont die Erklärung: »Wir sind überzeugt, dass keine Kirche, keine geistliche Gemeinschaft oder Bewegung das Ganze des Christseins voll verwirklicht. Wir bitten deshalb, dass sowohl einzelne Christen als auch geistliche Bewegungen unterschiedlicher Prägung einander als Glieder des einen Leibes Christi annehmen und zusammen für die Erneuerung unserer Kirche beten und wirken ... Nur wer seine Kirche liebt, kann von Gott als Werkzeug zu ihrer Erneuerung gebraucht werden.«

Pfingsten, die Ausgießung des Heiligen Geistes, markiert die Schwelle zwischen zwei Zeitaltern: Die Zeit des irdischen Jesus ist vorüber. Er starb am Kreuz, wurde auferweckt von den Toten. Mit Pfingsten beginnt ein neuer Abschnitt: die Zeit der Kirche. Es ist die Zeit, in der Menschen durch den Geist Gottes zum Glauben an Jesus Christus zusammengeführt werden. Die Zerstreuung, das Einander-nicht-verstehen-Können, ist vorbei. Pfingsten feiern wir, dass Gott kommt – zu uns, zu mir. Gott und Jesus wollen »Wohnung bei ihm (dem Menschen) nehmen« (Johannes 14,24). Er will also nicht nur einmal hereinschauen, sondern sich bei uns niederlassen. Das ist nicht nur so dahingesagt, sondern ein Versprechen. Gott wird es tun, Jesus weiß es und kann deshalb im Namen des Vaters sprechen. Das ist aber noch nicht alles. »Der heilige Geist, den mein Vater senden wird in meinem Namen, der wird euch alles lehren und euch an alles erinnern, was ich gesagt habe« (Johannes 14,26). Der Geist ist nichts Augenfälliges. Man kann ihn nicht sehen, sich seine Gedanken über ihn machen. Vielmehr ist er bereits in unseren Gedanken; er ist wie ein Gedanke. Der Heilige Geist ist eine Kraft, die auf Gedanken bringt. Er führt zur Einsicht – wer Jesus war, was er gemeint hat, wer ich bin, wie ich sein soll.

Alle theologisch bedeutsamen Aussagen über den Heiligen Geist sind christologisch ausgerichtet, auf Christus bezogen. Das ist bei Johannes so (14,26; 16,31f.), und das ist auch bei Paulus so. Nicht zufällig ist es der Geist, durch den Jesus von den Toten auferweckt wurde (Römer 1,4; 8,2.11).

Der Heilige Geist weckt den Glauben. Dieser entsteht dort, wo die Botschaft von Jesus weitergesagt wird und der Geist das Herz für sie öffnet. Als Petrus seine Pfingstpredigt hielt und die Menschen sie hörten, »ging's ihnen durchs Herz« (Apostelgeschichte 2,37). Sie nahmen die Botschaft an und ließen sich taufen (Apostelgeschichte 3,37). Die Purpurhändlerin Lydia ließ sich taufen »mit ihrem Haus« (Apostelgeschichte 16,15), Missionare predigten, Gemeinden entstanden, nahmen das Evangelium, die Frohe Botschaft an und gaben sie weiter (1. Korinther 15,3; Kolosser 1,5ff.). Dabei wurde das Leben derer verändert, die dieser Botschaft vertrauten (Römer 6,1-4).

Das Geschehen, wie das Wort Gottes bezeugt und die christliche Botschaft überliefert wird und wie darin Gott durch den Heiligen Geist den Glauben entstehen lässt, das wurde im zentralen Bekenntnis der Reformation, in der Confessio Augustana, dem Augsburger Bekenntnis (1530), so zusammengefasst: »Um diesen Glauben zu erlangen, hat Gott das Predigtamt eingesetzt, das Evangelium und die Sakramente gegeben, durch die er als Mittel den Heiligen Geist gibt, der den Glauben, wo und wann er will, in denen, die das Evangelium hören, wirkt, das da lehrt, dass wir durch Christi Verdienst, nicht durch unser Verdienst einen gnädigen Gott haben, wenn wir das glauben. Und es werden die verdammt, die lehren, dass wir den Heiligen Geist ohne das leibhafte Wort des Evangeliums durch eigene Vorbereitung, Gedanken und Werke erlangen« (Artikel 5).

Ungeachtet dieser Bedeutung ist die Rede vom Heiligen Geist kein zentrales Thema des Glaubens. Die Rede vom Heiligen Geist ist modernen Zeitgenossen zunehmend unverständlich geworden. Und redet man vom Geist, so stellt sich nicht wenigen die Frage, ob man den Heiligen Geist mit dem menschlichen Geist verwechselt. Wer oder was ist dann Gottes Geist? Was bewirkt er? Die erste Aussage über den Heiligen Geist im Nizänischen Glaubensbekenntnis lautet: Er ist es, »der da lebendig macht«. Der Geist ist der Ursprung des Lebens – grundsätzlich allen Lebens.

Blickt man auf die Rede vom Heiligen Geist im kirchlich-theologischen Zusammenhang, dann fällt auf, dass dieser Gedanke in den Hintergrund getreten ist und der Geist mehr und mehr als Prinzip des Übernatürlichen, insbesondere einer übernatürlichen Glaubenserkenntnis angesehen wird. Man darf nicht übersehen, dass im Alten Testament der Geist Gottes als Lebenskraft und nicht in erster Linie als Quelle von Einsichten verstanden wurde, die anders nicht zu gewinnen waren. Im Laufe der Geschichte des Christentums ist zunehmend die Auffassung vertreten worden, dass die christliche Botschaft keineswegs plausibel, »auf den ersten Blick« verstehbar sei und überzeuge. Glaubenswahrheiten, so wurde argumentiert, seien nur durch den Heiligen Geist einsichtig. Zu Recht kritisiert Wolfhart Pannenberg: »Dadurch wurde der Heilige Geist mehr und mehr zu einer geheimnisvollen Größe, durch die das anderweitig Unverständliche, ja Absurde, dennoch legitimiert werden sollte.« Sollten Glaubensaussagen nicht eher durch ihren Inhalt überzeugen? Pannenbergs Kritik zielt auf eine Entwicklung der Neuzeit, in der das Christentum Antworten schuldig geblieben ist. Dort, wo es der Verkündigung an Überzeugungskraft fehlte, musste – zugespitzt formuliert – der Heilige Geist herhalten. Das hat die Kritiker des christlichen Glaubens aber nicht überzeugt.

Im Grunde bedarf es gar nicht dieser Absicherung durch den Heiligen Geist. Zum einen, weil dieser Gewissheitsdrang, den Glauben gegen alles absichern zu wollen, in die falsche Richtung weist. Worauf es ankommt, ist eine Vertrauensgewissheit des Glaubens (Wolfhart Pannenberg). Der Inhalt des christlichen Glaubens bleibt Zweifeln ausgesetzt. Diesen Zweifeln gilt es standzuhalten und nicht nach einer übernatürlichen, absoluten Gewissheit Ausschau zu halten. Der Glaubende braucht diese Absicherung nicht. Er würde sich letztlich isolieren. Der Heilige Geist ist die Gewissheit, mit dem auferweckten Jesus verbunden zu sein. Eine Gewissheit, die nicht mathematisch zu beweisen ist, sondern der oben genannten Vertrauensgewissheit entspricht.

»Gott hat uns nicht gegeben den Geist der Furcht, sondern der Kraft und der Liebe und der Besonnenheit« (2. Timotheus 1,7). Gegen den christlichen Glauben wird heute viel Kritik ins Feld geführt. Und die Lebenserfahrung spricht vielfach auch gegen Gott. Doch es ist gerade der Heilige Geist, der diese Zweifel überwinden will. Der unser Vertrauen wecken will, unseren Glauben, dass es eine Macht gibt, die stärker ist als die Wirklichkeit, von der wir uns umgeben sehen. Der Heilige Geist hilft, Furcht zu überwinden, Angst zu bewältigen, sich von Verzagtheit nicht lähmen zu lassen. Er wird als Kraft (griechisch: dynamis) beschrieben. Nicht zu Unrecht, denn er sorgt für Aufbrüche. Wo einer zur Einsicht gekommen ist, bleibt er nicht auf eingefahrenen Gleisen unterwegs, sondern wird in die Lage versetzt, neue Wege einzuschlagen.

Wie wirkt der Geist? Durch das Wort, durch die Musik, durch Menschen. Der Geist, so berichtet es die Apostelgeschichte (8,26-39), habe Philippus losgeschickt, einen Mann zu treffen, den Finanzminister der Königin von Äthiopien, der nach Jerusalem gereist war, um »anzubeten«. Der Besuch brachte jedoch nicht die erhoffte Erkenntnis. Auch die Lektüre des Propheten Jesaja war wenig erhellend. Da lief dieser Philippus dem Politiker über den Weg. Es entwickelte sich ein Gespräch, bei dem der Funke übersprang. Plötzlich fiel es dem Finanzminister wie Schuppen von den Augen. Philippus hatte ihm die zentrale Stelle aus dem Jesaja-Buch erklärt und auf Jesus hin interpretiert. Auf einmal war alles klar. Der Politiker zog zwei Konsequenzen: Er ließ sich taufen. Was aber noch viel bedeutsamer war: »Er zog seine Straße fröhlich« (Apostelgeschichte 8,39). Das ist eine entscheidende Wirkung des Heiligen Geistes: dass Menschen ermutigt, zuversichtlich, hoffnungsvoll unterwegs sind. Der Geist ist der Motor der Hoffnung im Menschen, eine Energiequelle, die nicht versiegt. »Er gibt uns erleuchtete Augen des Herzens, damit ihr erkennt, zu welcher Hoffnung ihr von ihm berufen seid« (Epheser 1,18). Der Geist befreit aus Ohnmacht und Resignation.

Eine weitere Gabe des Geistes: die Liebe. Sie weckt in mir die Liebe zu Gott, zu meinem Nächsten und zu mir selbst. Leben ist nach dem Zeugnis der Bibel nur sinnvoll gestaltbar, wenn es eine Beziehung zwischen Mensch und Gott gibt, wenn Menschen untereinander Frieden halten, sich mit Respekt begegnen, und wenn der Einzelne auch sich selbst wert schätzt. Letzteres hat nichts mit Selbstverliebtheit und Egoismus zu tun, wenn man *nur* noch sensibel für sich selbst ist, aber um sich herum nichts mehr wahrnimmt.

Was Paulus über die Liebe in 1. Korinther 13,1-13 schreibt, lässt den Schluss zu, dass die Liebe wohl die größte Gabe des Heiligen Geistes ist: »Wenn ich mit Menschen- und mit Engelzungen redete und hätte die Liebe nicht, so wäre ich ein tönendes Erz oder eine klingende Schelle. Und wenn ich prophetisch reden könnte und wüsste alle Geheimnisse und alle Erkenntnis und hätte allen Glauben, so dass ich Berge versetzen könnte, und hätte die Liebe nicht, so wäre ich nichts. Und wenn ich alle meine Habe den Armen gäbe und ließe meinen Leib verbrennen (Anm.: Wichtige alte Textzeugen schreiben: »und meinen Leib hingäbe, um Ruhm zu gewinnen«), und hätte die Liebe nicht, so wäre mir's nichts nütze. Die Liebe ist langmütig und freundlich, die Liebe eifert nicht, die Liebe treibt nicht Mutwillen, sie bläht sich nicht auf, sie verhält sich nicht ungehörig, sie sucht nicht das Ihre, sie lässt sich nicht erbittern, sie rechnet das Böse nicht zu, sie freut sich nicht über die Ungerechtigkeit, sie freut sich aber an der Wahrheit, sie erträgt alles, sie glaubt alles, sie hofft alles, sie duldet alles. Die Liebe hört niemals auf, wo doch das prophetische Reden aufhören wird und das Zungenreden aufhören wird und die Erkenntnis aufhören wird. Denn dieses Wissen ist Stückwerk, und unser prophetisches Reden ist Stückwerk. Wenn aber kommen wird das Vollkommene, so wird das Stückwerk aufhören. Als ich ein Kind war, da redete ich wie ein Kind und dachte wie ein Kind; als ich aber ein Mann wurde, tat ich ab, was kindlich war. Wir sehen jetzt durch einen Spiegel ein dunkles Bild; dann aber von Angesicht zu Angesicht. Jetzt erkenne ich stückweise; dann aber werde ich erkennen, wie ich erkannt bin. Nun aber bleiben Glaube, Hoffnung, Liebe, diese drei; aber die Liebe ist die größte unter ihnen.«

Und schließlich: Der Heilige Geist ist auch ein Geist der Besonnenheit. Das klingt sehr nüchtern, geradezu als sollte der Geist in die Schranken gewiesen werden. Der Geist trübt den Blick nicht ein, sondern schärft ihn, dass wir nicht Irrlehren auf den Leim gehen. Der Heilige Geist ist ein Freund der Vernunft. Er schenkt Augenmaß, zeigt uns, wo wir gebraucht werden und wo es einzig auf mich ankommt.

Das Wunder zu Pfingsten erinnert an die Vision einer Welt, in der Gott auf der Seite derer steht, die sich verstehen können. Die Gemeinschaft der Verschiedenen, die verschieden, d.h. in ihrer jeweiligen Tradition verwurzelt bleiben dürfen, aber als Versöhnte miteinander leben können – diese Vision kann Wirklichkeit werden.

Pfingsten ist also keineswegs die Erinnerung an ein Fest von damals, sondern die Ermutigung in unserem Leben heute Wunder zu erwarten. Armin Juhre hat diesen Gedanken in ein Lied gefasst:

»Zu Ostern in Jerusalem,
da ist etwas geschehn.
Das ist noch heute wunderbar.
Nicht jeder kann's verstehn.

Zu Pfingsten in Jerusalem,
da ist etwas geschehn.
Die Jünger reden ohne Angst
und jeder kann's verstehn.

Zu jeder Zeit, in jedem Land
kann plötzlich was geschehn:
Die Menschen hören,
was Gott will,
und können sich verstehn.«